Çetin Altan

•

1, 2, 3, 4, 5, 6, 7, 8, 9, 10

© 2001, İnkılâp Kitabevi
Yayın Sanayi ve Ticaret A.Ş.

Bu kitabın her türlü yayın hakları,
Fikir ve Sanat Eserleri Kanunu gereğince
İnkılâp Kitabevi Yayın Sanayi ve Ticaret A.Ş.'ye aittir.

Kapak Tasarım:
Ömer Küçük

Dizgi:
İlhami Sorkun

Düzelti:
İdil Önemli

ISBN
975-10-1765-3
01-34-Y-0051-0200

01 02 03 04 05 06   9 8 7 6 5 4 3 2 1

Baskı:
ANKA BASIM
Matbaacılar Sitesi No: 38
Bağcılar-İstanbul

İNKILÂP
Ankara Caddesi, No: 95
Sirkeci 34410 İSTANBUL
Tel: (0212) 514 06 10 - 11 (Pbx)
Fax: (0212) 514 06 12
Web sayfası: http://www.inkilap.com
e-posta: posta@inkilap.com

ÇETİN ALTAN

1, 2, 3, 4, 5, 6, 7, 8, 9, 10

Hazırlayan:
Solmaz KÂMURAN

İÇİNDEKİLER

Hiç Düşündünüz mü? 7
Akla Gelmeyen Bazı Konular 10
Allah Be... 14
Fantazya 18
Ulus Sevgisi - Deniz Akvaryumu ve Armut Rakısı 21
Şarap Kültürünün Boyutları 25
İstiridye Çatalı ile Salyangoz Çatalı Arasındaki Fark 29
Limonata ve Rafadan Yumurta 33
Afrika Cambazlarından Geyik Boynuzuna Kadar 37
Dedemizin Dedesinin Dedesini Neden Hiç
Merak Etmeyiz ki? 41
Bir Adres ve Telefon Defterinin Başarıdaki Rolü 44
Düş Kurmak ve Düş Yaratmak 49
İyi Yaşamak Sanıldığı Kadar İstenir mi? 53
Nohutlu Pilav Peşinde 57
Pastırmayı Düşünmenin Derinliği 61
Fritöz 65
Mercimek 69
Kabak Üstüne Çeşitleme 72
Küçümsediğimiz Üstünlükler 76
Oymacılık 80
"Büyüklerin Sözü" Nedir, Ne Değildir? 83
Okumak Nedir? 87
Yoz Düşünceyle Yaratıcı Düşünce 90
Fal 94
Ne Eski Mısır'ı Merak Ettik Ne Çin'le Moğol'u 98
Köy İmamlarına Araba Armağanı 101
Piyano "Donsuzluk Sorunu"ndan Önce Gelir 105
Okçuluk Ata Sporu Değil mi? 109
Sünnet Buluğdan Sonraya Bırakılamaz mı? 113
Beyinsellik Dinamosu "Satranç" 116

Oyuncak Tren Endüstrisinin Tarihi 120
Otomobil Yüz Yaşında 123
138 Yıl Önceki Kuzey Kutbu Yolculuğu 127
İlk Karikatürler 131
Timsahların Yaşamı 135
Samuray Damgalı Japon Yengeçleri 139
Moğol Geleneğinde Helâ Kültürü Yoktur 143
Atomdan Etkilenmeyen Tek Yaratık: Akrep 146
Güneş Enerjisi 149
Uzaydaki Bakteriler 153
Güneşten Yüz Milyon Kez 157
Çekirdek Fizikte Bir "İnek" Reçetesi 161
Küçük Kurtlarla Fareler Üstünde "RNA" Deneyleri 165
Uygarlığın Gelişimine Sıçanlarla Domuzların Yaptığı Katkı 170
Kum Saati 174
Asurluların Diş Ağrısı Duası ve Seneka 178
Hazreti Musa'nın Aklı Göklerdeydi
Bugünkü Astrofizikçiler Gibi... 181
Rüyaların Fonksiyonu 185
Cadılara İnanan Ünlü Bilginler ve Bodin 189
Kelebek, Çiçek, Müzik ve Mühendislik 194
Yedi Tonluk Dinamit Fıçıları, Samanyolu, Hiyeroglif v.s. 198
1, 2, 3, 4, 5, 6, 7, 8, 9, 10 202
İki Bin İki Yüz Yıl Öncesinin Büyük Beyni Eratosthene 205
Eski Mısır'da Bokböceği Tanrısı Kheper 210
Buda "Korkmayın" Demiş... 213

HİÇ DÜŞÜNDÜNÜZ MÜ?

Sevişmeyi, ırza geçerek cezalandırma sanmanın ve bu nedenle sık sık küfür olarak kullanmanın; yıllarca süren savaşlarda kadınsız yaşayan erkeklerin, ancak bir düşman kentini aldıkları zaman, düşman kadın ve kızlarıyla çiftleşme olanağı bulabilmelerinden kaynaklandığını hiç düşündünüz mü?

* * *

Ayda ortalama bir kez yıkanmanın ve ne iç çamaşırı, ne çorap değiştirmeden, uzun menzilli ekşimiş ter kokularıyla dolaşmanın, aşkı bir cinsellik güdüsü ötesinde değerlendirememekten ve kadına hiçbir saygı duymamaktan kaynaklandığını hiç düşündünüz mü?

* * *

Kadınlarla erkeklerin birbirlerini yeterince tanımamalarının ve birbirlerinin tadını yeterince çıkaramamalarının, evlilerin yüzlerce yıl boyunca özel odalarında değil, herkesle birlikte hayvanların yanında yatmaktan ve çiftleşmek için dışarda çalı dibine gitmekten kaynaklandığını hiç düşündünüz mü?

* * *

İnsanların anadillerini çok az sözcükle kullanmalarının

ve dişlerini fırçalamamalarının, toplumda flört geleneğinin olmayışından kaynaklandığını hiç düşündünüz mü?

* * *

Kadın kesiminde, devlet bütçesinin dört ile yedi katı altın bulunmasının, erkeklerin özenli ve bakımlı kadından anlamamasından ve kahvelerde erkek erkeğe oturmasını yeğlemekten kaynaklandığını hiç düşündünüz mü?

* * *

Çiftleşme sadakatini ahlak, her türlü ahlaksızlığı da kurnazlık sanmanın, toplumda bireylerin içine sinmiş sevgisizlik ve kendine güvensizlik bozulmasından kaynaklandığını hiç düşündünüz mü?

* * *

Pusuculuğun, ketenpereciliğin ve küfürlü konuşmanın, eski zamanlarda düello geleneğinin olmayışından, düello geleneğinin olmayışının da kadına yeterli payenin verilmemesinden kaynaklandığını hiç düşündünüz mü?

* * *

Erkek çocuklarında yaratıcı olmaktan çok yönetici olma tutkusunun, erkeklerin kendilerini kadınlara değil de padişahlara ve onların adamları olan yöneticilere beğendirme alışkanlığından kaynaklandığını hiç düşündünüz mü?

* * *

"Karı gibi gülme" azarlamasının, yaşamın tadını kadınla paylaşarak çıkarmayı bilmemekten ve yaşamda tek başarıyı yöneticilere yaranma sanmaktan kaynaklandığını hiç düşündünüz mü?

* * *

Tüm tutarsızlık, akılsızlık, zırtabozluk, anlamsızlık ve kaytarmacılıkların doğaya ters düşmekten, doğaya ters düşmenin de, kadın sevgisiyle kadın jürisini bir kıyıya itip, siyasal sevgilerle siyasal jürilere önem vermekten kaynaklandığını hiç düşündünüz mü?

* * *

Ölümlü, mezarlı, ağlamaklı türkülerin "anti-yaşam"dan, "anti-yaşam"ın da kadını insan yerine koymayıp, erkek ulus olmakla övünmekten kaynaklandığını hiç düşündünüz mü?

* * *

Enflasyonun, üretim azlığından, üretim azlığının erkek dinamizmasının düşük olmasından, erkek dinamizmasındaki düşüklüğün de kadın jürisine kendini beğendirme yarışının bulunmayışından kaynaklandığını hiç düşündünüz mü?

* * *

Elimizde olanak bulunsa devleti nasıl yöneteceğimizi çoğumuz düşünmüşüzdür?

Asıl çarpıklıkların "anti-yaşam" koşullanmasından, "anti-yaşam" koşullanmasının da, kadınsız bir toplum olmaktan kaynaklandığını çok az insanın görebilmiş olduğunu hiç düşündünüz mü?

3.2.1988

AKLA GELMEYEN BAZI KONULAR

Dostoyevski,
— Herkes her şeyden sorumludur, demiş.

Ancak anası daha önce yakalanıp buğulama yapıldığı için dünyaya gelemeyen hamsi balığından ne Dostoyevski, ne de Birinci Nicolas sorumlu sayılır. Bu dramın ne kadar hamsinin yeryüzüne gelmesini engellediğini ve yüzgeçlerini kıpırdata kıpırdata Karadeniz'de yüzme zevkinden yoksun bıraktığını ise hiçbir bilgin hesaplamamıştır.

* * *

Arnavutluk'un dağlık bölgelerindeki kasabalarda eğitim görevini yüklenmiş bekâr bayan öğretmenlerin cinsel sorunlarına Sayın Humeyni hiç ilgi göstermemiştir.

Sayın Humeyni'nin belirli çerçeveler dışında, cinselliği tümden yok sayma eğilimine ise kadın özgürlüğü eylemcilerinden Bari'li Beatrice, hiç kulak asmamaktadır.

Sayın Humeyni Bari'li Beatrice'i yakalayabilse, onu elbet şiddetle cezalandırmak isterdi. Böyle bir sakınca Beatrice'i asla kaygılandırmamaktadır. Sayın Humeyni'nin bazı koşullar dışında, insanlığı cinsellikten soyutlama niyetinin, Corta Dampezzo'daki kayak otellerinde hiç mi hiç iplenmediğini, Üçüncü Napoléon'un başbakanlarından Mösyö Buffet'nin Colmar'daki küçük torunu Bernadetta, birkaç kez vurgulamış ve İran'ın beyaz sakallı liderini, İran'da yaşayanları, öldükten sonra ille de cennete göndermek konusunda aşırı bir titizlik göstermekle suçlamıştır.

* * *

Amiral Nelson'un,
— Ben başarılarımı her işe on beş dakika öncesinden başlamaya borçluyum sözü, Hindistan'daki bir tren makasçısını fazla etkilediğinden, adamın üç değişik demiryolu makasını zamanından birer çeyrek saat önce açması, iki yolcu treniyle bir marşandizin, manevra yapmakta olan bir lokomotif ve iki banliyö treniyle çarpışmasına neden olmuştur.

Mahkemeye verilen makasçı, elini havaya doğru kaldırmış ve ordu dilinde şöyle bağırmıştır:
— Suçlu olan Amiral Nelson'dur. Beni değil, onu yakalayınız.

NASA'daki uzmanlardan Alfred Mayer, Amiral Nelson'un, başarıya her işe on beş dakika öncesinden başlamakla vardığı inancının, tren yolu makasçıları için değil, savaş gemileri komutanları için, o da "ateş" komutunu verme dışında geçerli olabileceğini savunmuştur. Amiral Nelson'un hiçbir "ateş" komutunu, on beş dakika öncesinden vermediğini de sözlerine eklemiştir.

* * *

Yahudi olarak doğduğu için sünnet edilmiş bulunan Hazreti İsa'nın göğe uçmasından sonra, vaktiyle kendisinden kesilmiş olan parçanın da uçup uçmadığı tartışmasının, papazlar arasında üç yüz yıllır bir çatışma yaratmış olduğunu bilen Lizbonlu kuyumcu Rodrigez,
— İsrail pilotları uçtukları zaman, kendilerinden kesil-

miş olan hiçbir parçanın havalanmaması da, bu tartışmanın ne kadar saçma olduğunu kanıtlamaktadır, demiştir.

Gerçekten de İsrailli pilotlar uçtukları zaman, vaktiyle kestikleri ne el ve ayak tırnakları, ne sakal ve saç parçaları, ne de başka şeyleri, peşlerinden uçmaya kalkmamaktadırlar. Hem zaten uçmaya kalksalar, bunun insanlığa ne yararı dokunacaktı ki?

* * *

Geçen yüzyılda anası yakalanıp buğulama yapıldığı için dünyaya gelememiş olan hamsiden ötürü nasıl kimse sorumlu tutulmamışsa, Hazreti İsa'nın sünnet ucunun kendisiyle göğe uçmamış olmasından da, aslında kimse sorumlu tutulamaz.

Herkesin her şeyden sorumlu olması demek, bir Eskimo bıçağı sapının hangi Ren geyiğinin boynuzundan yapıldığından da sorumlu olması demek değildir.

Ama bir sigaranın içine kazıklaşmış uzunca tütün kıymıklarının sokuşturulmasıyla sigara içme keyfinin canına okunmasından, Filipinli balıkçılar da sorumludurlar, Perulu çobanlar da...

Onlar da bir gün böyle bir sigara içme zorunda kalabilir ve öfkeyle kime söveceklerini şaşırabilirler. O nedenle dünyanın neresinde içi kazıklaşmış bir sigara varsa, orada tüm insanlığı ilgilendiren bir bozukluk var demektir. Nitekim Madagaskar'daki bir lokantada ekşimiş olarak getirilen bir midye çorbası da, Kâğızmanlı bakkal çırağı Ali'nin ciddiyetle benimsemesi gerektiği önemli bir sorundur. Kâğızmanlı Ali, kahvedeki arkadaşlarına,

— Madagaskar'daki midye çorbalarının ekşimişliği de ilgilendirmezse, bizi ne ilgilendirir, diye uyarmalı ve bu tür sorunların insanlığın ortak sorunları olduğunu açık seçik anlatmalıdır.

Madagaskarlı bisiklet çıngırağı satıcıları da, Kâğızman'da ekşimiş bir ummak çorbasının sorumluluğunu benimsemelidirler.

Bir gün bir Londralı, Oslo'da Madagaskarlı bir bisiklet çıngırağı satıcısına rastlarsa, ondan Kâğızman'daki ekşimiş ummak çorbasının kendisinde ne gibi üzüntüler yarattığını sorabilir ve insanlık böyle ilerler.

* * *

Bir Müslüman'ın hak dinine davet ettiği bir Brahman'ı, Brahman'ın bu daveti kabul etmemesi karşısında, ok atarak öldürmeye kalkması üzerine, ok yaydan çıktıktan sonra, daha hedefine ulaşmadan, Brahman Kelime-i Şahadet getirerek Müslüman olursa oku atan Müslüman'ın katil sayılıp sayılmayacağı konusu ise tam bir açıklığa kavuşmuş değildir.

Bu sorunun açıklığa kavuşmamasından Tenarife'deki turistik otel müdürü ne kadar sorumludur, bunu saptamak da kolay değildir.

Henüz sonuca ulaşamamış, insanlıkla ilgili bu tür sorunların Birleşmiş Milletler'e getirilmesinde bazı yararlar olabilir.

Ama tabii artık üstünden çok zaman geçtiği için, geçen yüzyılda anası yakalanıp buğulama yapılan hamsi yüzünden doğamamış olan hamsi ve hamsilerin sorununu Birleşmiş Milletler'e dahi getiremeyiz. Buna da çok üzülmemeliyiz. Her şeye üzülürsek, sevinmeye zaman kalmayabilir...

21.11.1982

ALLAH BE...

Düş kurup sigara dumanının halkalarında, hafiften hafiften dalga geçmek de ruhsal bir gereksinmedir bazen.

Örneğin Türkiye'nin dışına çıkmışsınız. Herkes ortak dil olarak İngilizce yerine Türkçe konuşuyor.

Büyük limanlarda Amerikan, Alman, Fransız şilepleriyle transatlantikleri yerine Türk şilepleriyle Türk transatlantikleri...

Nereye gitseniz benzin istasyonlarında Türk kumpanyalarının adı. En büyük oteller Türk firmalarının.

Her kadınlı kahvede, her bakkalda, her büyük mağazada Türk gazozları, Türk meyve suları, Türk içkileri...

Giriyorsunuz bir lokantaya,

— Bir ızgara köfte istiyorum, diyorsunuz.

Garson kendi şivesiyle de olsa, Türkçe,

— Emredersiniz beyim, diyor.

Sinemalarda bol bol Türk filmleri oynuyor. Kitapçı vitrinlerinde yığınla Türkçe kitap.

Caddelerde Türkiye'de yapılmış arabalar. Eczanelerde Türk ilaçları.

Tanımadığınız insanlar yanınıza yaklaşıp, aradıkları adresleri Türkçe soruyorlar. Değişik toplumların insanları bir araya geldikleri zaman anlaşabilmek için aralarında Türkçe konuşuyorlar.

Bütün ülkelerin okullarında özel olarak Türkçe öğretiliyor.

Dünyanın en ünlü doktorları Türkiye'de. Dünyanın en büyük hastaneleri Türkiye'de...

Yeryüzünün neresine gitseniz Türk malı otomobillere biniyor, Türk benzini alıyor, Türk otellerinde kalıyor, herkesle Türkçe konuşuyor, daima Türk uçaklarıyla uçuyor, okyanusları Türk gemileriyle aşıyorsunuz.

Dünya gazeteleriyle televizyonlarında Türk siyasetçilerinin adı önde geliyor. Amerikan barların adı Türk barı olmuş. Gece kulüplerinde Türkçe şarkılar söyleniyor.

Giriyorsunuz bir lüks Türk barına:

— Oğlum bana bir rakı...

Radyolarda ise Roma, Paris, Madrid hangi istasyonu açsanız ya Adanalı, ya Çakır Emine...

Harika bir rahatlık, harika bir üstünlük...

Size sade elleriyle değil, ayaklarıyla da bağlı fakir ülkelere yardım yapıp yapmamakta egemensiniz... Önemli gereksinmelerini sizin saptadığınız fiyatlarla sizden alır, askerî uçaklarınıza üs de verilirse, yardımı artırabilirsiniz... Oralarda hoşunuza gitmeyen politikacıları kıyıya iter, hoşunuza gidenleri başa geçirebilirsiniz...

Dünyanın neresinde ne olup bitiyor, dakikası dakikasına, hatta saniyesi saniyesine hepsinden haberlisiniz.

Ve şöyle bir gerinerek kaykıldığınız zaman, dört bir yönden ılık bir türkü çalınıyor kulaklarınıza:

— Türkiye seni seviyorum...

* * *

Bireylerin yaşamı, akıl almaz bir tüketim içinde...

Binivermişsin ilk kalkan beyaz transatlantiğe... Tek başına ne vapurun, ne trenin, ne uçağın pek tadı çıkar...

Onun için bir de yanına ılık bakışlı, gönül ürperten, kokulu, ipek saçlı, kıvıl kıvıl bir arkadaş almışsın... Esmerinden, yahut kumralından, yahut sarışınından... Alt tarafı düş kurmuyor musun, dilediğini seçersin...

Gözleri, içine ay ışığından damlalar düşmüş gibi menekşe, yahut anlamlı ve derinliğine siyah, yahut cıvıl cıvıl iri kahverengi... İstersen lâcivert, istersen yeşil, istersen bal rengi bile olur...

Sen fıkralar, anılar anlatıyorsun, o yürekten gelen bir neşeyle gülüyor.

Deniz alabildiğine mavi, gök alabildiğine mavi, sadece üç-beş avuç beyaz bulut kümesi... Arkada geminin bıraktığı beyaz köpükler...

Geminin Türk barında içki şişeleri; kırmızılı, turunculu, çay rengi... Kristal kadehler şıngırtılı bir cümbüşte...

Kamara, telefonu, radyosu, televizyonu, banyosuyla hiç tadılmamış bir rahatlık düzeninde...

Allah be... Öyle değil mi?

Tut ki Capri'de bir ay dinlenmeye gidiyorsun... Yahut Cannes'da... Düşlerinin dizginlerini bollarsan, Florida kıyıları bile olur bu...

Bir kıvrak müzik çalıyor salonda...

Üstünde tiril tiril elbiseler. Denizin büyük boşluğunda ufka yaklaşan güneş...

Kadeh tokuşturarak gülüşler içinde konuştuğun, taranmış güzel saçlının dişimsi hafif parfümü...

Allah be... Ha?

Ayağında hafif mokasenler, barın uzun taburesinin alt çıtasına dayamışsın bir tanesinin topuğunu... Ötekinin burnu yere doğru sarkmış, keyiften kıpırdıyor.

Ne parasızlık, ne icra borcu, ne otobüs, yahut dolmuş kuyruklarında saatlerce bekleme.

Arada bir özlemlerle tutuşuverme el ele, yanındaki kadife yahut ışıklı lâcivert gözlüyle... Sonra çın diye birbirine vuran kadehler... Bir de tabaktan kürdanla alınan yeşil zeytin...

Allah be...

Düş kurmak da bir gereksinmedir insanoğlu için...

Ama ne çare ki düşlerde kalır... Ve sen sönmüş sigaranı küllüğe bırakır çıkıp yürürsün evden, sıcak bir rüzgârla genzini yakan çöp kokuları arasında...

10.11.1982

FANTAZYA

Yüzyıl sonra yaşayacak olanlar kimbilir bizlere ne kadar acıyacaklar?

Bir kez uykuda geçen yedi sekiz saat, yirmi dakikaya inecek...

Vücudun elektrolid yapısıyla metabolizmasını ve sinir düzenini dinlendirmek için geceler boyu uyumaya gerek kalmayacak.

Bir şort giyip, içinden belirli elektrik dalgalarının geçtiği bir koltuğa uzunlamasına oturacaksın.

Koltuğun anodlarıyla katodları, atardamarlarına yapışacak.

Hafif bir vibrasyon...

Gözlerini kapayacaksın...

Yirmi dakika sonra taptaze ve dipdiri kalkacaksın koltuktan...

Yirmi dört saatte en az yirmi üç saat uyanık olarak yaşayacaksın.

Uyumayı neredeyse sıfıra indirmiş insan toplumlarından, akıl almaz bir güçle bambaşka bir dinamizma çıkacak ortaya...

* * *

Yaşam ortalaması yüz elli yıla dayanacak, hem de yaşlılık dönemi iyice kısalarak...

Yüz kırkında voleybol oynayabileceksin örneğin.

Dünyanın birbirine en uzak iki ucu arasını, bir saatte gidip gelebileceksin...
Çalışma kalkacak ortadan.
Para da kalkacak.
İnsanın çeşitli yaşam sıkıntılarıyla üstü nasır bağlamış olan iç benliğindeki yaratıcılığı çıkacak ortaya...
Bu yaratıcılık da paraya değil, zevke dönüşecek...
Tek üzüntü yaşam ortalamasının iki yüz yıla çıkacağı dönemlerde doğmamışlık olacak...

* * *

İnsanlar gerek boy, gerek kilo, gerek renk olarak birbirlerinin benzeri olmaya başlayacaklar.
Kentlerle konutların konforları birbirine eşdeğerde olacak...
Uzaya yerleştirilecek aynaların ayarlanmasıyla bazı bölgelerde gece ortadan kaldırılacak...
Dünyanın içindeki dev enerji kullanıma alınacak. Tıpkı petrol, doğalgaz, sıcak sular gibi...

* * *

Ay'a, Merih'e gidip gelme, Güneş düzeni içinde bir tur atma, sorun olmaktan çıkacak...
Anneler bebek doğurma zorluğuna katlanmayacaklar.
Kadınlarla erkeklerin tohumları, laboratuvarlarda canlandıracaklar bebekleri... İstenilen sayılarda, istenilen niteliklerde...
Okul kalkacak, işe gidip gelme kalkacak...
Dilediğin konseri, dilediğin filmi, dilediğin sergiyi, dilediğin yerden izleyebileceksin...

Havası boşaltılmış tünellerden giden ulaşım araçlarının hızı, saatte kırk beş bin kilometreye çıkacak...
Kimin kiminle daha kolay kaynaşabileceği, bireylerdeki elektrik frekanslarının ölçümüyle çok kolay saptanacak.
Ne savaş olacak, ne kavga...
Okyanusların diplerinde ilginç kentler kurulacak...
Uzay istasyonlarında da...

* * *

İki yüz yıl sonra ise, isteyen yüzlerce yıllık geçmişindeki nineleri ve dedeleriyle konuşabilecek...
Dünyada yaşamış ve yaşamakta olanların, tıpatıp aynı kompozisyon içinde başka gezegenlerde de yaşamakta oldukları keşfedilecek...
Dünyadaki su ile samanyolunu oluşturan gezegenlerdeki suyun aynı oluşu gibi...
İnsanın karmaşık kompozisyonu, evrenin "N" boyutu içinde, "iki hidrojen" ile "bir oksijen"in birleşimi kadar basit bir kompozisyondur.
Değişik gezegenlerde su aynı su ise, aynı kişi de kimbilir kaç kez aynı kişi olarak vardır.

* * *

Üç yüz yıl sonra ise değişik gezegenlerdeki birbirinin aynı olan kişiler, birbirleriyle buluşacaklar. Hangisinin dünyalı olup hangisinin olmadığı bile anlaşılmayacak...

* * *

Dört yüz yıl sonra ise sadece Soğanağa Mahallesi bugünkü gibi kalacak... Vaktiyle insanlığın nasıl bir keşmekeş içinde olduğunu canlı olarak göstermek için...

16.4.1988

ULUS SEVGİSİ – DENİZ AKVARYUMU VE ARMUT RAKISI

Dünyanın her yanında milletvekili olmak isteyenlerin sayısı, bir deniz akvaryumuna sahip olmak isteyenlerin sayısından daima fazladır. Herhalde insanlara, milletvekili olmak, deniz akvaryumuna sahip olmaktan daha kolay, yahut daha keyifli görünüyor...

Deniz akvaryumu sahibi olmayı, milletvekili olmaya yeğleyenler de vardır elbet. Bunlardan hangisinin yaşamı ötekinden daha iyi değerlendirdiğini bir çırpıda saptayabilir miyiz?

Birinciler uluslarını, toplumlarını, vatanlarını düşünürler, ikinciler ise sadece denizlerin dibindeki balıkları düşünürler, onun için milletvekili olmak isteyenler, deniz akvaryumu sahibi olmak isteyenlerden daha kutsal, daha yararlı, daha yurtsever kişilerdir dersek, o zaman milletvekili olmayan, olamayan, yahut olmak istemeyenlere de frikikten haksız bir gol atmaya kalkmış olmaz mıyız?

Genel kural şudur ki, ister milletvekili olmak istesin, ister istemesin, herkes ulusunu, toplumunu, vatanını düşünür ve deniz akvaryumu sahibi olmak isteyenler de buna dahildir.

Deniz akvaryumu sahibi olmak ulusunu, toplumunu, vatanını düşünmekle çatışmaz, nasıl ki motosiklet yahut bisiklet sahibi olmak da çatışmazsa.

Ağız mızıkası sahibi olmak çatışır mı, o da çatışmaz.

Ayakkabı sahibi olmak çatışır mı, çatışmaz.

Serince bir terasta, salıncaklı bir döşeğe uzanarak özel soğutulmuş, ağzı tozşekeriyle sarmalanmış uzunca bir bardaktan, armut rakısı içe içe, polisiye roman okumak da çatışmaz.

* * *

Gerçi özel soğutulduktan sonra ağzı tozşekeriyle sarmalanmış uzunca bir bardak, büyük bir zenginlik gösterisiymiş gibi gelir insana ama, zaten alışkanlıklarımızın dışındaki her ayrıntı öyle gelir.

Uzunca bir bardak kaç paradır? Buzluktaki buzları bir kovaya koyarak, uzunca bir bardağı onun içinde hızlı hızlı çevirmek kaç paradır? Bardağın nemli ağzını iki parmak kalınlığında tozşekeriyle sıvazlayıp on dakika kadar buzlukta tutmak kaç paradır?

* * *

Gelelim armut rakısına... Bizde yapılmaz ama, incir rakısından daha pahalı değildir...

Geriye kaldı serince bir terasla salıncaklı bir döşek bulmak... Öyle bir döşek Boğaz'da iki kez, 5 kişilik yemek parasıdır. O kadar para yoksa, salıncaklı döşeğin yerini, asfalt kıyılarında satılan fiyakalı bir şezlong da alabilir.

Teras yoksa, kuytu bir çınar dibine kurulursun... Kuytu bir çınar dibine şezlong götürmek zor geliyorsa, ayağına eski bir pantolon çeker, gider çınarın altına yanlarsın... O zaman da özel soğutulmuş uzun bardakla armut rakısı elinin menzili dışında kalır. Farketmez... Çevredeki bakkaldan iki şişe bira alırsın...

Serin bir çınar dibi, şişesi terleyen soğuk, köpüklü bira, yan gelmişsin, polis romanı okuyorsun...

* * *

Sakın şimdi,
— Peki ama ulusu, toplumu, vatanı kim düşünecek, diye sorma.
Uğur getiren bir soru değildir bu...
Ve eski bir pantolonla çınar gölgesine yanlayıp polis romanı okumak, ulusu, toplumu, vatanı, düşünmeye hiç mi hiç engel değildir... Hele siyasete atılıp, onların başına geçmeye asla niyetin yoksa...
Ama ille de inatlaşırsan ve ben serin bir terasta salıncaklı döşeğe uzanıp, özel soğutulmuş uzunca bir bardakla armut rakısı içmek istemiyorum, bir çınar dibine yanlayıp, buz gibi birayla roman okumak da istemiyorum, durmadan ulusu, toplumu, vatanı düşünmek istiyorum, dersen...
O da, ananın ak sütü gibi hakkındır...

* * *

Düşün düşünebildiğin kadar.
Düşün ki, köyde doğmuş çocukların hiçbiri artık köyde kalmak istemiyor.
Üstelik bu çocuklar, disiplinli bir eğitimden geçmeye de pek yatkın değiller.
Ayrıca, öğretmen olmak isteyenlerin sayısı da azalmakta...
Tıp fakültesine başvuranların sayısında da bir azalma

var... Diplomat olmak isteyenlerde de durum değişik değil...

Hiçbir eğitimden geçmeden ve üretime katılmadan, kestirmeden zengin olma hırsı yaygınlaşmada...

Eğitim kademeleriyle kazanç arasındaki kopukluk, böyle bir felsefeyi, çifte sulanmış çelik gibi bir güzel pekiştirmiş...

Hem yeterli bir eğitimden geçmemiş, hem de üretim dışı, karayağız bir kalabalıkla on beş yıla kadar öylesine bir burun buruna geleceğiz ki...

* * *

Ben yaşarsam o zaman yetmiş iki yaşında olacağım, yazdıklarıma da kimsenin gözünün ucu bile değmeyecek...

Değişik şeyler yazsam, kimsenin aklı yatmayacak, aynı şeyleri yazmak da beni sıkar...

Ulusu, toplumu, vatanı öyle bir düşünelim ki, deniz akvaryumunu düşünmek, soğutulmuş bardakta armut rakısı yahut buz gibi bira içmek ayıp olsun...

Vallahi de olsun, billahi de olsun...

Olsun ama, her gece görülen düşlerin, insanları o eski ortamlarına göre yeniden hipnotize ettiği kanıtlanmada...

Daha iyi düşünmek, yaşamı ıskalamaya neden olmamalıdır.

13.11.1984

ŞARAP KÜLTÜRÜNÜN BOYUTLARI

Önce cafcaflı bir cümle yazalım:
Kültür öylesine birikimlerden damıtılmış bir donatımdır ki, ondan yoksun kişi hangi zevk ve lezzetlerden habersiz yaşadığının farkına bile varamaz.

Örneğin şarap kültürünü ele alalım.

Bir toplumda şarap kültüründen yoksunluğun o topluma nelere mal olduğunu saptamak kolay mıdır?

Türkiye yedi yüz doksan dört bin hektarlık bağlarıyla dünya sıralamasında beşincidir. Şarapçılıkta ise otuzuncu...

Şarapçılıkta da beşinci olsaydık, gerek ekonomi, gerek yaşam düzeyi açısından tam bir keyif ülkesi olacaktık. Her yıl dışardan gelen on beş milyon turistle, yalnız turizm gelirimiz sekiz milyar doları bulacaktı. Bir o kadar da şarap ihracatından kazanacaktık... Ne köylerdeki kerpiçle tezek mezbelesi kalacaktı ortalıkta, ne işsizlik, ne de sigara dumanlarıyla tavla şakırtıları arasında milyonlarca insan yaşamını öğüten erkek erkeğe kahveleri...

Şarap kültürü iki şeyden hoşlanmaz; biri yoksullukla garibanlık, ikincisi kadınsızlıkla neşesizlik...

* * *

İsa Peygamber'in doğumundan tam üç bin yıl önce, şimdi oturduğumuz yerler tam bir şarap cennetiydi. Tüm dünyaya şarap, Anadolu'dan dağıldı. Daha önce bu bölgelerde kurulmuş uygarlıklarda, şarap kültürünün büyük katkısı olmuştur.

Kaliteli bir şarap elde edebilmek için, üzümün kendi dalında bin iki yüz saat güneş görmesi şarttır. Ve bizim üzümler, bin iki yüz saat güneş gören üzümlerdir. Dünyanın az bölgesinde rastlanan bir nimettir bu...

Bakın Baudelaire şarap için ne diyor:

— Şayet insanlığın üretiminden şarap çıkarılsaydı, sanırım ki madde ve ruhda belirecek boşluklar, yokluklar ve yitiklikler, şarabın sorumlu tutulduğu her türlü kötülükten çok daha korkunç bir manzara yaratacaktı.

Büyük bilgin Pasteur de şöyle diyor:

— Bir şişe şarapta, tüm kitaplardakinden daha çok düşünce vardır.

Alexandre Dumas:

— Sofrada, diyor, et maddeseldir, şarap beyinsel...

Napoleon ise kendi açısından bakmış şaraba:

— Şarap yoksa asker de yoktur, demiş.

1537'de Colmar'da mahkeme kâtibi olan Wikram, "İçme Sanatı" adlı yapıtında içmeyi gerektiren beş koşul sıralıyor:

1- Bir konuk geldiğinde
2- Susayınca
3- İlerde susama olasılığına karşı
4- Şarap iyiyse
5- Akla gelebilecek başka nedenlerden ötürü...

* * *

Alışılmış beylik klişeleri peşpeşe sıralayıp, ilkokul öğretmeniyle cami hocası bakışı arasında cetvel çizgisi gibi durmak, kum üstünde topaç çevirmek kadar körleştirir zekâyı...

Şarap kötüdür... Bu bilinen bir iddia...

Ama insan uygarlığının en vazgeçilmeyen bir kültürü olmuş şarap... Bu gerçek de bir anda rafa kaldırılamaz.

Demokrasi, sade siyaset hırslarıyla dedikoduları için midir? Donmuş klişelerle gerçekler arasındaki lehimsizlikleri kurcalamak ve düşünceleri taşlamaktan kurtarmak da demokrasilerin atar damarlarını geliştirmez mi?

* * *

Şarap kötüdür...

Plutarque aynı kanıda değil:

— Şarabın erdemi, kişiyi özgürce ve içtenlikle konuşturarak, gerçeği söyletmesindedir, diyor.

Duhamel çok daha keskin bir yargıda:

— Şarap uygarlığın simgesidir.

Bir din adamı olan Bossuet'ye de kulak verelim:

— Şarabın, ruhu tüm gerçek, tüm bilgi ve düşünceyle doldurma gücü vardır.

Dördüncü Henri, daha kestirmeden söylemiş görüşünü:

— Yeryüzündeki cennet iyi şaraplarla iyi yemeklerdedir.

Rousseau da, Montesquieu de, şarap kültürünün insanlıkla bir saç örgüsü geliştirdiği üstünde duruyorlar.

* * *

Şarabı bir sarhoşluk aracı olarak görme, çok ham bir yaklaşım... Şarap başlı başına bir kültür olmasa, bir şişe "Chambertin"in yahut bir şişe "Poully-Fuissés"nin hangi yılki rekoltesi daha iyidir, diye ciltlerle kitap yazılmazdı...

Müzik kültürü, resim kültürü, edebiyat kültürü gibi kadınla erkek dünyasını mutluluk doruğuna en hızlı yaklaştıran bir kültürdür mutfak ve şarap kültürü...

Ve bu kültürlerden yoksunluk, "anti-yaşam" bir sakatlanmaya kadar götürebilir toplumları...

Osmanlı ozanları dahi bunu uzaktan sezip, Fars'ın etkisiyle şarap temasına iyice abanmışlardır ama, bunları laf ola diye yazdıklarından, şarap kültürünün hem toplumsal boyutlarını görememiş, hem de o kültürün dışında kalmışlardır.

* * *

Kırk beş derecelik rakının yerine, eski uygarlıklardan miras kalan şarabı koyabilmiş olsaydık, on iki-on üç derece olan şarabı, kadınlar da içebileceği için, hoyratlıklarımız ve kadınsızlıklarımız, çok daha başka bir ahengin yumuşaklığında ve yaratıcılığında olacaktı...

Demokrasiler şu yahut bu partiyi tutup tutmamak için değildir sadece, bu tür konuları konuşmak içindir de...

Şaraba karşı olanların yanında, şaraptan yana olanların bulunmadığı bir demokrasi, külah kapma yarışı dışında, anlamı kimsenin etine kemiğine derinliğine sinmemiş bir demokrasidir...

Toplumsal tabuları gündeme getiremediğimiz sürece de, demokrasinin tadını çıkarma olanağımız olmayacaktır...

19.4.1985

İSTİRİDYE ÇATALI İLE SALYANGOZ ÇATALI ARASINDAKİ FARK

Çocukluğumdaki filmlerin yeniden çevrilmişlerini, fırsat bulursam gider seyrederim. Vaktiyle üstümde bırakmış oldukları izlerin buğusunu, aynı yoğunlukta duyamamanın akılcı garipliği çöker üstüme.

Aynı kişinin çocukluğuyla, orta yaş doruğunu da aşmış kocamanlığında, birbirinden değişik etkilenmelere uğraması, bir süre düşündürür beni.

— Neden o zaman öyle etkilendim de, şimdi böyle etkileniyorum, derim.

Ve kitaplardan, olaylardan, konuşmalardan üstümde kalmış olan etkilerin, onları yaşadığım dönemlerin -yaşımla bağımlı- süzgeçlerinden soyutlanamaması, kafamı karmakarışık eder, "Acaba değerlendirmelerimin ne kadar objektif, ne kadarı subjektifti" diye...

* * *

Bir akşamüstü sekiz yaşındayken içine bırakıldığım deniz kıyısındaki ilkokul binasının yatakhaneleri, yemekhaneleri, teneffüshaneleri ne kadar uçsuz bucaksızdı...

Liseyi bitirdikten sonra, o ilkokulu görmeye gittiğim zaman, o kadar uçsuz bucaksız sandığım yerlerin, bir lokmacıklığı, beni nasıl da şaşırtıp afallatmıştı...

Oraları bir daha hiç görmeden, sadece çocukluk izlenimlerime dayanarak yazsam, kimbilir, nasıl yazardım... En azından "Okmeydanı gibi yerlerdi" diye yazardım.

* * *

Geçenlerde de doktor Frankeştayn'ın korkutucu serüvenlerini seyrettim yeniden...

O, insanın kanını buz gibi donduran esrarlı şato... Şatoya gizli gizli getirilen cesetler... Doktorun taze ölülere duyduğu gereksinme yüzünden, şatoya sağ girip, bir daha hiç çıkmayanlar... Sonra parça parça kesilen ölülerle monte edilen ve canlandırılan canavar...

Çocukluğumda o filmler, düşlerime girerdi.

Şimdi ise doktor Frankeştayn'ın, şatosuna aşçı ararken söylediği bir söz daha çok ilgimi çekti.

Doktor aradığı aşçının niteliklerini belirtirken,

— İstiridye çatalıyla salyangoz çatalını birbirine karıştırmasın, yeter diyordu.

O sözü duyunca, istiridye çatalıyla salyangoz çatalı arasındaki farkı, benim de bilip bilmediğim geçti aklımdan...

İstiridye çatalı, tatlı kaşığı büyüklüğünde, içi oldukça yuvarlak ve üç çatallıydı... Salyangoz çatalı ise sadece iki çatallı ve daha uzuncaydı...

* * *

Bunu bilsen ne olur, bilmesen ne olur?

Sorun da buradadır zaten...

Çavdar ekmeği, tereyağı, limon yahut sarmısaklı sirke sosuyla, kabukları yeni açılmış taze istiridye, enfes bir beyaz şarap mezesidir.

Tadını bilmeyenler, yeryüzündeki çeşitli tadlardan birini daha bilmeden yaşayıp giderler...

Bu bilinmeyen tadlar, peşpeşe eklenip çoğalmaya başlayınca, yaşamdan alınması gereken tadların çeşitleri de azalır.

Ağız tadı on beş çeşitle sınırlı kalmış kişinin, dünyaya bakış açısı, yaşamdan zevk alma zenginliği, bu sınırın çok üstüne çıkmışınkiyle aynı mıdır acaba?

Bir de buna merak zevkini, müzik zevkini, resim zevkini, araştırma zevkini, şiir zevkini, çiçek zevkini, konuşma ve yazma zevkini ekleyin...

Sevildiği için başkalarını da daha çok sevmesi istenilen, bambaşka güzellikte ve büyüklükte dünyalar çıkar ortaya...

* * *

Türkçeyi bugün yüz yirmi beş milyon insan konuşur yeryüzünde, en çok konuşulan diller arasında, onuncu sıradadır.

Bu dilin verdiği olanakları nasıl değerlendirmek gerektiğini düşünmek, fena bir şey midir?

Yüz yirmi beş milyon insana kendi konuştuğu dilde, daha değişik dünyaları anlatmayı düşlemenin yolları geçer bu kapıdan.

* * *

"Evet ama nasıl" sorusu çıkacaktır şimdi karşımıza...
Önce, konuya hiç akla gelmedik bilimsel bir yöntemle yak-

laşalım. Türkçe konuşan yüz yirmi beş milyonluk bir kitlede, bağırsak parazitlerinin oranı yeterince hiç araştırılmamıştır. Kişide enerjiyi ve beyinsel dinamizmayı çökerten bir beladır bağırsak parazitleri... Tırnak diplerine yerleşip ve tekrar tekrar ağızdan içeri girerler.

Bu parazitleri saptayacak laboratuvarları yaygınlaştırmak ve bunlara karşı en etkin ilaçları üretmek, bu parazitlerden en çok sıkıntı çeken bir insanlık parçasının hemen dikkatini çekecek ve tıp alanında bir kültür alış-verişi yaratacaktır. Bunun zamanla sanata ve edebiyata atlaması için de, olumlu adımlar atılmış olacaktır.

* * *

İstiridye çatalıyla salyangoz çatalı arasındaki fark, aklımıza hiç gelmeyen şeylerin simgesidir. Kültür genişlemesi ise aklımızda kalanlarla, aklımıza gelebilenleri aşmaktan başka nedir?

Bunu benimsemediğimiz zaman yaşamı daha az kucaklarız...

30.10.1982

LİMONATA VE RAFADAN YUMURTA

Yaşamında hiç limonata içmemiş biri, limonatayı çok pahalı bir serinletici sanabilir. Oysa çok ucuz bir serinleticidir. Bir bardak suya bir çorba kaşığı toz şekeri döküp, iyice karıştırdıktan sonra üstüne doğru dürüst sıkılıp çay süzgecinden geçirilmiş yarım limon suyu eklersin... Ve hepsini karıştırırsın.

Bardak, görkemli ve uzunca bir bardaksa, yarım yerine bir limon sıkar, bir çorba kaşığı toz şekerini de iki çorba kaşığı yaparsın...

Bir limonata, dişleri donduracak kadar mı soğuk olmalıdır?

Hayır, bardağının çevresine hafif bir buğu yalazlanması yapacak kadar soğuk olmalıdır.

Ayrıca bardağın içine kalıp buz atılmalı mıdır?

Hayır, gerekiyorsa bir tatlı kaşığı dövülmüş buz atılmalıdır.

Yarım tekerlek bir limon dilimi, bardağın kıyısına mı takılmalıdır, yoksa içine mi konmalıdır?

Bardağın kıyısına konduğu zaman, daha dekoratif olur; dileyen, limonun kokusunu daha keskin duymak isterse, bardağın kıyısına takılmış yarım dilimi, bardağın içine atabilir.

İyi bir lomanata yapmaya bu kadarı yeter mi?

Yetmez.

Çentilmiş limon kabuğuyla bir sap taze naneyi de, önce limonatanın içinde kısa bir süre tutup, sonra hepsini süzmek gerekir.

Böyle bir limonata ultra süper bir zenginlik sorunu mudur?

Hayır, sadece bir yaşam sevgisiyle, bir yaşam zevki sorunudur.

Bu, çok önemli midir?

Bir kez gelinip, bir kez geçilen dünyayı, en sade koşullar içinde dahi ıskalamamanın göstergesi olduğu için, çok önemlidir.

Sabahları bir saat yürüdükten sonra duş almak da öyledir.

* * *

Bir yumurtayı azıcık tuz-biber ve nohut büyüklüğünde tereyağı ile bir fincanda çırptıktan sonra, yumurta biçiminde ve yumurta büyüklüğünde, kapağı vidalı çelik bir kaba döküp suda iki dakika kaynatmak da önemlidir.

Yiyebileceğiniz en enfes rafadan yumurta, ancak böyle pişirilebilir.

Yumurta biçiminde ve yumurta büyüklüğünde, kapağı vidalı çelik bir kabı nerede bulacağız?

Hiçbir yerde bulamazsınız. Neden? Çünkü o kabın üretilmesi, genel istem mekanizmasıyla ilgilidir. Kimse yaşam zevkini, enfes bir rafadan yumurtaya kadar bile inceltmemişse, öyle bir kap bulunmaz. Bu da ultra süper bir zenginlik sorunu değil, bir yaşam sevgisi sorunudur.

* * *

Doğru dürüst bir limonata ve tadı unutulmayacak bir rafadan yumurta... Bir de sabahları, bir saat yürüyüşle, bir duş...

Bunları sen yapabiliyor musun?

Hayır.

Neden?

Çünkü bunları bir tek kişi yapamaz. Özenler ve incelikler, ortak bir yaşam kültüründen, kişilerin yaşamına kadar uzanmıyorsa, limonata yapmaya kalktığın zaman, önce evde limon bulamazsın. Limonu almak için dışarı çıktığın zaman da, zaten limonata içme isteğin küllenmiş olur. Dişini sıktın, limonu alıp geldin. Kör bıçak, limonu doğru dürüst kesmez. Buzdolabına su konulması unutulmuştur. Yahut dolap tam o sırada söndürülmüştür. Yahut limon sıkacağını komşu almıştır. Zaten nane de yoktur. Çay süzgeci yıkanmamıştır. Görkemli uzun bardak bir gün önce kırılmıştır. Ama limonata yerine, soğuk maden suyu vardır... Ve yeni icatlar çıkarmak da, insan üzmekten başka hiçbir işe yaramaz.

Bardağı hafif buğulu, kıyısına yarım limon dilimi takılmış, içinde bir tatlı kaşığı çıngıltılı buz kırığı, azıcık limon kabuğuyla taze nane kokan limonatayı içemezsin. Yerine maden suyu içersin.

* * *

Dışarda çırpıldıktan sonra, özel çelik kapta, tıpkı hiç kırılmamış yumurta gibi pişirilen rafadan yumurtayı ise asla yiyemezsin.

Sabah yürüyüşleri de ortakça benimsenen bir alışkanlık değildir.

Bazen yürürsün, bazen yürümezsin.

Hele, masası normal bir ping pong masasının dörtte biri büyüklüğünde olmasına karşın; raketleri özel yapıldığı için, topu ancak o küçük masa kadar fırlatan Japon ping pongunu kesin oynayamazsın. Çünkü ya biri raketi kırmış ya da bir başkası masayı ütü masası yapmıştır.

* * *

Yaşam sevgisi bir kültürdür. Tıpkı çiçek sevgisi, tıpkı müzik sevgisi, tıpkı yüzme sevgisi gibi...

Bu sevgi ya vardır, ya yoktur.

Böyle bir sevgi pekişmemişse, orada insanlar ne yaratıcı bir yaşama, ne sağlıklı bir aşka, ne keyifli bir yücelmeye fazla kulaç atabilirler...

Kafası yarım kesik bir horoz gibi çırpınır, bunalır, önüne geleni suçlar; ne istediğini, ne aradığını, daha doğrusu ne halt edeceğini bir türlü tam kestiremez ve kendilerini de, canım yaşamı da ziyan zebil ede ede sönüp giderler.

Yaşam sevgisi; enerjinin yaşam zevkini kuşaklar boyu ortaklaşa yoğurmasından oluşur.

Enerji yoksa, orada sadece kurnazlık vardır. Kurnazlık da, yaşam sevgisiyle yaşam zevkinin en amansız cellatıdır.

3.7.1984

AFRİKA CAMBAZLARINDAN
GEYİK BOYNUZUNA KADAR

Bizim kitaplıklarımızda Moğollar üstüne yapılmış nasıl yeni araştırılar yoksa, Buenos Aires'teki gecekondular ve Yeni Zelanda'daki geyik çiftlikleri hakkında da yoktur. Avustralya'dan Kanada'ya kadar hemen hemen dünyanın her yerinde Türklere az çok rastlandığı halde, Türkiye kitaplıklarında yeryüzünün çeşitli yörelerine ait dişe dokunur hemen hiçbir incelemenin bulunmayışı yüzeysel bir yaşamı sürdürme çabası ötesinde, çağımızla ilgili beyinsel meraklardan yoksun olduğumuzu gösterir.

Ne kimsenin aklına Afrika'nın yerel cambazları ile ilgili bir belgesel yapmak gelir, ne de gagalı su kunduzlarının doğasını filme almak, vazgeçtik uzayın galaksilerinden, üstünde yaşadığımız kürenin dahi ne okyanusları, ne ırmakları, ne de canlıları, sanki bizi hiç mi hiç ilgilendirmemektedir.

Kendi kendimizle yüzyıllardan beri, bir türlü yeterince kırılamayan bir kısır döngü içinde uğraşıp durmamızın, belki de temel nedenlerinden biri, kendimizin dışındaki dünyalara karşı meraksız kalmış olmamızdır. Bu meraksızlık, gerek doğa, gerek insan yaşamlarıyla olması gereken alışverişimizi, doğru dürüst bileyip keskinleştirmediği için de, düş gücümüz gelişip eski koşullanmalarımızın dar açıları arasındaki bilinçsiz tutsaklıktan bizi bir türlü kurtaramamıştır.

Meraksızlığımız düş gücümüzü körletmiş, düş gücümüzün körlüğü de meraksızlığımızı kabuklandırdıkça kabuklandırmıştır. Bozkır kökenli Müslüman bir köylü toplumu olma niteliğini bir türlü üstümüzden sıyırıp, insanı ve doğasıyla evreni kucaklamak isteyen beyinsel bir dinamizmanın aşamalı ışıklarını yakamamışızdır. Beslenme bozukluklarından, kadın-erkek ilişkilerindeki bozukluklara kadar, ayağımıza takılan kördüğümleri de açık seçik göremediğimizden, "Neden biz böyleyiz" sorusunu sorup sorup duran, boyna içimizi rahatlatacak bir suçlu arayıp durmuşuzdur.

Oysa dışarıya çalışmaya giden köylülerimizi, son model arabalar alma yanında, küçük amatör kameralarla kısa belgeseller yapmaya da teşvik etseydik, kimbilir ne zengin bir film koleksiyonumuz olacaktı... Köylüleri akordeon çalmak, kayak yapmak, fotoğraf çekmek, tenis oynamak, bahçe düzenlemek gibi en basit amatörlüklerin dahi dışında gördüğümüzden, onlar arasında beşer dakikalık belgesel film yarışmaları açmaya kalkmak dahi, aklımızın kıyısından bile geçmemiştir. Bir yerde bu yanlış yaklaşımları kırmak şart olmaktadır.

* * *

Sergilerde göçebe olarak yaşayan bohemlerin ne kadar güzel keman çaldıkları bizi hiç yadırgatmadığı halde, son model arabaları son hızla süren, on yılda çobanlıktan, rençberlikten işçiliğe atlamış köylülerin, amatör film yarışmalarına katılmaları, neden mantığımıza ters gelmektedir? Sakatlık onlardan çok, bizim onlara ait saplantılarımızdadır.

Bu tür yarışları kazanmış 5 kişilik bir sinema ekibini, Yeni Zelanda'daki geyik çiftliklerinde röportaj yapmaya göndersek, kimbilir ne ilginç başarılarla gelirlerdi.

Bu çiftliklerde özel olarak yetiştirilen geyikler, morfinle uyuşturulduktan sonra testereli boynuz kesicilerin önlerine getirilmektedir. Kesiciler de geyiklerin ağaç dallarına benzeyen çatallı çutallı boynuzlarını, kanata kanata kökünden kesip parçalara doğramakta ve bunları çuvallara doldurmaktadırlar.

Bir çuval geyik boynuzunun bizim paramızla yaklaşık değeri, otuz bin liradır. Çiftlikler bir yılda milyonlar kazanmaktadır bu boynuzlardan.

O kadar geyik boynuzunun ne işe yaradığına gelince... Uzak Doğu'da bu boynuzlardan erkekliği artıran bir toz yapılmakta ve üstünde geyik boynuzu resmi bulunan kutularda, "Zevk Boynuzu" adıyla çok pahalıya satılmaktadır.

* * *

Sorun, dışarıya çalışmaya gittikten sonra sadece bankalara döviz yığmak ve son model arabalar, renkli televizyonlar, elektronik aygıtlarla tatil geçirmek için geri dönmek değildir. Bu arada değişik bölgelerde çekilmiş ilginç filmler, fotoğraflar ve armonikayla çalınan yeni şarkılar getirmek de, toplumsal kültürün zenginleşmesinde döviz getirmek kadar önemlidir.

Bombay batakhaneleri hakkında hiçbir sinema çalışması yoktur bizde. Bu batakhanelerde iki yüz elli bini aşkın kadın, fuhuşla geçinmektedir. Bunların yaşamlarını kısa bir belgeselde toplamak, Sydney'de Türkçe gazete çıkarmak kadar çarpıcı değil midir?

Aklımızı pek taktırdığımız politika didişmelerinin yanında, bir de koskoca bir evren var. Ona karşı bu kadar meraksız kalıp aklımıza geleni ata savura, kendi sorunlarımızın sağlıklı bir çözümüne nasıl yaklaşabiliriz? Kendini tanımak, önce dünyayı tanımaktan geçer. Ve dünya okyanus adalarındaki yerlilerden Güney Kutbu'ndaki penguenlere kadar, çok kocamandır.

İki buçuk milyonu aşkın Türk yaşıyor dışarda. Bunlardan kendi kitaplıklarımıza, televizyonlarımıza ve sinemalarımıza, dünyamızla ilgili ne gibi değişik albüm sayfaları yansıyor? Sanki tahta çantalarımız, fötr şapkalarımız, alacalı bulacalı kravatlarımızla nereye gitsek, ayrık dizlerimizle üç kişilik yeri kapatarak oturuyor ama baktığımız şeylerden hiçbirini görmüyoruz. Olacak bir meraksızlık değildir bu...

Anayasamızı ne kadar başarılı yapsak, beyinsel dinamizmamız dünyadan kopuk kaldıkça, ne kendimizi tam tanıyabilir, ne de aradığımız çağdaşlığı tam bulabiliriz.

Merak, bir nura doğru koşmaktır.

DEDEMİZİN DEDESİNİN DEDESİNİ NEDEN HİÇ MERAK ETMEYİZ Kİ?..

Dedesinin dedesinin dedesinin adını bilenlerimiz çok azdır aramızda. Dedelerin adı bilinir, ama onların dedesinin kim olduğu pek bilinmez. Hele dedesinin dedesinin kimin torunu olduğunu söyleyebilecek iki avuç insan zor bulunur.
Elbet dedelerimizin dedeleri de birilerinin torunuydu. Acaba kimlerin torunuydu?
Çok mu önemlidir bunu bilmek? Eh diyelim ki hiç önemli değildir. Ancak bu yargıyı ileriye doğru uzatırsak, yüreğimiz azıcık cız eder...
Biz ki şu anda sağız, yaşıyoruz, aynalara bakıyor, soyunup banyoya giriyor, çıkarken kurulanıyoruz. Toplum üstüne, tanıdıklarımız üstüne, duyup okuduklarımız üstüne düşüncelerimizi söylüyoruz. Çoraplarımızı değiştiriyor, gömleğimizi giyiyor, kravatımızı bağlayıp çözüyoruz.
Torunlarımız varsa, torunlarımız bizim adımızı biliyor, dizlerimize tırmanıyor, boynumuza sarılıyor,
— "Canım dedeceğim, bir tanecik dedeciğim", diyorlar.
Yakın sayılacak bir gelecekte, onların da çocukları olacak. Onların çocukları da adımızı bilecek, bizden arta kalmış anıları, yarım yamalak da olsa, arada sırada ona buna anlatacaklar.

* * *

Derkeeeeen efendim, torunlarımızın da torunları olacak. Tıpkı bizim torunlarımız nasıl olduysa... Ve onların torunları, dedelerinin dedesinin ne adını bilecek, ne de kim olduğunu merak edecek.

Kazara biri kendilerine,

— "Senin dedenin dedesi kimdi?" diye sorarsa, omuz silkip dudak bükerek,

— "Ne bileyim kimdi," diyecekler, yani çok mu önemli bunu bilmek? Okul yıllarımız, aşklarımız, oturduğumuz koltuklar ve yeni aldığımız saat kayışlarımız, hepsi hepsi, torunlarımız dede olduğu zaman, onların torunlarının değer terazisinde civciv tüyü kadar bile bir ağırlık yaratmayacak. Adımızı bilmemeleri dahi, "O kadar önemli mi yani?" sorusunun içinde kaynayacak... Nasıl ki biz de şimdi, dedemizin dedesinin adını, aynı umursamaz sorunun içinde kaynatıp gidiyorsak.

Elbette önemli değil, niye önemli olsun?.. Dedemizin dedesi bizim için ne kadar önemsizse, biz de torunumuzun torunu için o kadar önemsiz olacağız...

Önemsizliğimizi torunumuzun torununun bizden daha iyi anlaması, yaşamında zaman zaman bunu açığa vurması ve adımıza dahi hiçbir ilgi duymaması, bizim aslında yaşamış dahi sayılmayacağımız anlamına gelmeyecek midir?

Nitekim dedemizin dedesi de bizim için, sanki öyle biri hiç yaşamamış gibidir...

* * *

"Yaşamamış gibiler"den gelip, "Yaşamamış gibiler"in arasında kaybolmak...

Bunun dışında kalmış bir tek aile vardır bizde, o da Osmanlı ailesidir. Osmanlı ailesinin de sadece baba babaları bellidir, anne babaları belli değildir. Osmanlı ailesinin dışında, hiçbir aile, dedesinin dedesinin adını öğrenmeye dahi gerek duymayacak kadar, kendi varlığını önemli bulmuyorsa, bu önemsemezlik birbirine yansır ve sonunda önemli sayılacak hiçbir birikim kalmaz ortalıkta... Ve Osmanlı ailesi dışında herkes önemsizlikte birbirine eşit olur. Bu da bir eşitliktir ama sıfır altı bir eşitliktir, "Var olmama" düzeyindeki bir eşitliktir. "Kullar arası" bir eşitliktir. Yani alkışlanıp beğenilecek bir eşitlik değildir.

Kaldı ki kişiler kendi küçük tarihlerini merak etmeye alışmamışlarsa, toplumsal tarihi hiç mi hiç merak etmezler ve tarih, birtakım hoşa gidecek politik yakıştırmalar ötesinde, bilimsel ve objektif bir nitelik kazanamaz olur.

* * *

Acaba dedemizin dedesinin adı son kez nerede geçti? Tabii saptayamayız... Bizim de adımız, bir yerde son kez geçecek ve ondan sonra bir daha kimse, bizim de adımızı hiçbir yerde anmayacak...

Jules Romains,

— "Kişi ölünce hemen kaybolmaz," der. Adı bir süre daha dolaşır ortalıkta. Ve bir yer gelir, o ad son kez söylenir. Ondan sonra artık hiç kimse o adı anmaz ve bilmez olur. Kişi o zaman gerçekten ölmüştür işte...

Bu anlatıma bakılırsa, biz kişilerin kimliğini de çok hızlı gömüyoruz boşluğa... Sanki var olmak değil de, yok olmak esasmış gibi...

17.1.1983

BİR ADRES VE TELEFON DEFTERİNİN BAŞARIDAKİ ROLÜ

Harvard'daki genç bir sosyoloji profesörü, derse ilk girdiğinde kürsünün arkasındaki sandalyeye kaykılarak oturmuş ve gözleriyle sınıfı şöyle bir taradıktan sonra,

— Yaşamda başarılı olmak için buraya geliyorsunuz öyle değil mi, demiş. Bunun birinci yolu doğru dürüst bir adres ve telefon defteri tutmaktan geçer. İkinci yolu da defterinizde adresleriyle telefonlarını topladığınız tanıdıklarınızdan, kendinize yakın bulduklarınıza arada bir kart atmaktan ve dergilerle gazetelerde beğendiğiniz bir yazı yahut resmi keserek, sevimli birkaç sözcükle onlara göndermekten... Bunu yapamadığınız zaman, ne kadar iyi yetişirseniz yetişin, kendinizi ayakta tutacak bir ortamı kolay kolay yaratamazsınız.

* * *

Bizim ailenin ben doğduğum sıralarda, Erenköy santralına bağlı bir telefonu varmış. Babam İstanbul'dan Edirne'ye tayin olduktan sonra, dedem, belki de emekliliğin getirdiği küskünlükle, kendisini bağ bahçe işlerine adadığından,

— Ne benim telefon edeceğim biri var, ne de bana telefon edecek biri, gerekçesiyle telefonu kestirmiş.

Yüksekçe siyah kutusunun üstünde, geyik boynuzuna benzeyen, ince boyunlu metalik bir kavisin iki ucundaki çatal arasında, yüzükoyun yatan, zayıf uzun gövdeli ahizesiyle yandan manyetolu eski zaman telefonu da, kordonuyla sarmaş dolaş olarak, işe yaramaz birtakım ıvır zıvırın saklandığı merdiven altına kaldırılmış.

* * *

Kapısı açıldıkça içine dalmaya pek meraklı olduğum eski eşya kokulu merdiven altında, kordonuyla sarmaş dolaş uyuyan telefona içim giderek bakardım. Ama kimse açığa alınmış telefonla azıcık dahi oynamama izin vermezdi. En nazik sesimle yaptığım ricalarda, kısa ve sert bir kesinlikle,
— Oyuncak değil o, çık bakalım dışarı, derlerdi.
Oysa o siyah kutuyu önüme koysam, ahizesini kulağıma götürsem, kutunun yanındaki küçük kolu çevirerek, babamın dairesinde gördüğüm gibi,
— Alo, desem ve sanki sesimi duyan biri varmış gibi konuşsam, ne kadar mutlu olacaktım.
O yaşta telefon, uzaktaki birileriyle konuşmak için bir araç değil, telefonla konuşur görünme zevkini sağlayan bir amaçtır. Çocukluğun en belirgin özelliklerinden biri, büyüklerin kullandıkları teknik araçların işlevlerinden çok, o araçların kendisine karşı duydukları ilgidir. Hâlâ daha fotoğraf makinelerini bile, fotoğraf çekmekten daha çok severim.

* * *

Eğer merdiven altına kapatılan telefon, çocukluk yaşamımın bir parçası olarak evin içinde kullanılmaya devam etseydi, pratik başarıların telefon numaralarıyla adres defterlerinden geçtiğini de farkına varmadan küçük yaşta öğrenmiş olacaktım.

Böyle bir alışkanlığın hamuruyla yoğrulmamış olmak, çok kolayından çözülebilecek nice basit sorunları, bir türlü içinden çıkamadığım karabasanlar gibi dağ dağ yığıp durmuştur karşıma...

Arabanın yağını değiştirmek de büyür gider gözümde, bozulan çamaşır makinesini onartmak için bir teknisyen bulmak da...

O yüzden de güçlü siyasetçilerle donatımlı zenginlerin en imrendiğim yönleri, arabalarının yağlarını değiştirmekte yahut kırılan çamaşır makinelerini onarmakta sağlamış oldukları kolaylıklardır.

* * *

Bir de daha üst düzey işlerin akışı vardır ki, o kadar çok tanıdığım olmasına karşın en sade konularda dahi o akışı hiç mi hiç tadamadım.

Neyi kime söyleyeceğimi, kimden de neyi isteyeceğimi bir türlü bilemedim.

Bütün bunların temelinde, bir telefon ve adres defterimin olmadığının yattığını ise kırkımı aştıktan sonra öğrendim. Ve kırkından sonra düzenlemeye kalktığım defterleri de ya kaybettim, ya aldığım telefon numaralarıyla adresleri, boş bir zamanda deftere geçiririm savsaklamasıyla ceplerimle çekmecelerde karmakarışık ettim.

Dışa açık ilişkilerini her dem taze tutan bir ortamda yetişmiş olsam, belki sarılabileceğim tek dal olarak, yazı yazmaya bu kadar çok yapışmazdım ama, eminim ki yaşamım -biraz sinameki de olsa- çok daha kolay ve ılımlı geçerdi.

Pantolonu her zaman ütülü, kravatı düzgün, ayrıca çoraplarının rengi kravatıyla uyumlu, konuşmaları şirin gülümsemelerle dinleyen ve arada bir,

— Evet, anlıyorum, doğru, haklısınız... Sahi mi, hayret, gibi sözcüklerle karşısındakini onaylayıp rahatlatan, adres defterindeki kişilerden hesabına denk gelenlere nükteli kartlar atan ve sorunlarını buz üstünde paten yapar gibi rahatça çözen, hem akıllı, hem de çok efendi görünüşlü, kibar bir adam olurdum.

Biz ise "gerekir mi, gerekmez mi" ayırımını yapma kompütürünü dahi çalıştıramadan, aklımıza geleni havai fişeği gibi ateşleyivermek şehvetinin, içindeki elektriği kısa devreli atkestanesi gibi yaşadık.

* * *

Doğduğum sıralarda ortadan kaldırılan telefondan sonra, ilk telefonu yine ben getirdim eve. Gazeteciliğimin ilk ve son simgesi de bir daha hiç ayrılmadığım o telefon oldu. Adres ve telefon numarası defteri olmadan, en uzun süre kullanılmış telefon, belki de telekomünikasyon tarihinde sadece o telefondur.

Amerikalı genç sosyoloji profesörüne hak veriyorum. Başarı kendini ayakta tutacak bir ortamdan, bu ortam da bir adres ve telefon defterine sahip olmaktan geçer.

* * *

Bir gün köylere kadar uzanacaktır telefon, telefonlu evlerden yetişecek çocukların dünyası, bizimki gibi olmayacaktır. Adres ve telefon numarası defterlerinin, uzun menzilli ilişkileri içinde olacaktır. Daha rahat, daha dayanışmalı ve daha başarılı yaşayacaklardır.

Bizimki biraz karakucak güreşi gibi geçti. Kalemle kağıt kullanmaktan adres ve telefon defteri kullanmaya vakit bulamadık. Evdeki rezervuar bozulduğu zaman da kime yaptıracağız diye apıştık kaldık.

Gerçi bizim meslekte pratik yaşamın üstesinden gelebilmiş pek kimse yoktur. Biz neyi neden beceremediğimizi iyi bildiğimiz için, neyin nasıl becerilmesi gerektiğini akla yatkın yazarız.

Düzenli adres ve telefon defterlerimiz olsa, bunun tersi olacaktı. Pratik yaşamı çok daha iyi becerecek ve neyin nasıl becerilmesi gerektiğini hiç yazmayacaktık.

Yazarlık, yaşamı anlatmaya çalıştığın kadar, onu daha az yaşamak demektir.

16.6.1988

DÜŞ KURMAK VE DÜŞ YARATMAK

İnsanın en büyük özelliği belki de düş kurma gücüdür. Daha doğrusu "düş kurma" değil de "düş yaratma" gücüdür. Çünkü "düş kurma" genellikle yaratıcılığı kapsamaz. Örneğin bizim yerli filmlerde bol bol rastladığımız fakir bir kızın zengin bir gençle evlenip, zengin bir yaşam sürme düşü, "düş yaratma" değildir. En basitinden ve en kolayından sadece "düş kurma"dır.

"Düş yaratma"da ise, kendini imrendiği bir ortam ve yaşam içinde düşünmeyi çok aşan ve bilinenlerle alışılmışların çok ötesine geçen, beyinsel bir kanatlanma söz konusudur...

Fakir bir kızın kendini zengin bir gençle evlendiğini düşlemesi nasıl yüzeysel ve suyuna tirit bir "düş kurma" ise Wells'in "Görünmez Adam"ı da, o kadar bir "düş yaratma"dır...

Hiç düş kurmamış, hiç düş kurmayan insan yok gibidir dünyada. Düş yaratabilenler ise sanıldığından çok daha azınlıktadır. Buna karşın, insanlığın gelişiminde ikincilerin katkısı, birincilerinkinden çok daha fazla olmuştur... Öyle ki, toplumları da "düş yaratabilenler" ve "yaratamayanlar" diye ikiye ayırmak pekâlâ mümkündür...

* * *

Bu ayırımı boş zamanlarımızda kendi üstümüzde de deneyebilir, düş kurmaktan düş yaratmaya geçip geçemediğimizi ölçebiliriz.

Düş kurmakta mutlaka daha önceden görüp duyduğumuz bir örnek vardır. Fiyakalı bir transatlantikte bir sevgiliyle Okyanus adalarına gitmeyi düşlemek, "Aşk Gemisi" dizisinin içine, kendini de oturtuvermekten başka bir şey değildir. Bu tür düşler, yaratıcılığa gerek göstermeyen basit montajlardan ibarettir. Ve düş gücünün genişliğini değil, kısırlığını kanıtlar daha çok...

* * *

Aynı geminin içine Suudi Arabistan köylülerini ve ayağını kırdığı için, koltuk değnekleriyle dolaşmakta olan Tarzan'ı koymaya kalkar ve aralarına her dinden cinsel sapıklığa uğramış birer de din adamı eklerseniz, kendi üstünüze kurduğunuz basit montaj, montaj olmaktan çıkmaya başlar... Gerçi bunda da aşamalı bir yaratıcılık yoktur ama, bilinenden kurtulmaya dönük bir aranış vardır...

Efemine bir Katolik papazının bacağı kırık Tarzan'la konuşmaya çalışmasında, bir Suudi Arabistan köylüsünün kendince çevirmenlik etmeye kalkmasını düşünün... Bir anda değişik örf ve âdetlerle yaşam yorumlarının birbirleriyle çakışan gülünç boyutları çıkmaya başlayacaktır ortaya...

Böyle bir imajı daha değişik giysiler içinde kullanmayı denemek ve "Aşk Gemisi" yerine bir uçak gemisini Eskimolarla Pigmelere yönettirmek de konuyu daha orijinalleştirebilir...

* * *

Düş yaratma oyununu, daha simgesel bir plana kaydırmak isterseniz ünlü kentleri değişik toplumlara, örneğin Floransa'yı İranlı mollalara, Karaçi'yi Danimarkalılara, Madrid'i Afgan Özbeklerine yönettirme deneylerine girişebilirsiniz.

Mollaların eski Roma yontularını bir rezillik örneği bularak kırıp dökmelerinden, Danimarkalıların Karaçi'de yeryüzünün en büyük çıplaklar kampını kurmalarından, Özbekler'in Madrid'de boğalarla "Buzkaşi" oyunları düzenlemeye kalkmalarına kadar, bir yığın olmadık tablolar peşpeşe sıralanıverecektir.

Ve başlayacaktır düş kurmaktan düş yaratmaya doğru yelken açmanın kıpırtıları...

Aslında düş yaratmak da tümden soyut bir uğraş değildir. Bazı göze ve düşünceye çarpmayan gerçekleri, böyle bir dille anlatmanın kendine göre yararları vardır. Toplumsal bağnazlıklarla koşullanmaların saçmasapanlıkları, çok daha keskinliğine belirginleşir.

Zaten bir toplumda bireysel ve yüzeysel düş kurmalardan evrensel düş yaratmalara doğru bir eğilim başlamışsa, orada düşünce ve sanat birikimleri de rüzgârlanıp harmanlanmaya başlamış demektir...

* * *

Bir ev sahibi olmanın düşünü kurmak zor değildir. Alkolik olduğu için mesleğinden uzaklaştırılmış bir astronotun, uzay aracı gibi bir gecekondu yaparak orada, yıldızlararası yolculuklara çıktığını sanması ve bunu mahalle meyhanesinde gerçekmiş gibi herkese anlatmaya çalışması, en azından değişik bir tip çizme aranışıdır.

Emekli sarhoş astronot, muhtar olmayı bir saplantı olarak benimsemiş bir ayakkabı tamircisi ile dost olur ve kendi kendine aşk mektupları yazan bakkalın baldızına tutulursa, bunların uzay gemisine benzer bir gecekonduda kendi dünyalarını birbirleriyle paylaşmaya kalkmaları, bir yığın cümbüşlü diyalog üretir...

O sahnelere paralel olarak, büyük bir kentin belediye başkanıyla, gerçek bir astronotun bir film yıldızıyla bir lokalde başbaşa nasıl konuştukları da, yan bir motif olarak örgülenirse, düşlerle gerçekler arasında, insan beynine özgü cilveleşmelerin şiirselliği çekici olmaz mı?

Düş kurmak bilinen bir yaşamda varılması zor görünen bir yer aranmak demektir. Düş yaratmak ise yaşamı yeniden yaratmaya kadar gidebilir ki, toplumların kendi kendini aşma mekanizması da bu tür yaratıcılıkların dinamosuyla işler.

18.9.1988

İYİ YAŞAMAK SANILDIĞI KADAR İSTENİR Mİ?

Herkes iyi yaşamak ister.

Ben de öyle sanırdım.

Sonradan sezmeye başladım ki, iyi yaşamanın anlamı her bireye göre değişiyor.

Örneğin benim için iyi yaşamak, zamanı olanaklarına göre en unutulmaz bir tat içinde değerlendirmektir.

Bu, durgun bir deniz kıyısında kahkahalı bir taş kaydırmak da olabilir, ışıkları sönük bir dağ istasyonunda sabah gelecek treni beklerken bir şişe soğutulmamış biranın artırdığı sersemlikle arada bir öpüşmek de...

* *. *

İyi yaşamak sadece bir para pul sorunu değil, aklına estikçe azgın bir boğayı boynuzlarından tutup dizlerinin üstüne çökertmektir.

İyi yaşamak, Sağmalcılar koğuşunda demli çay ısmarlamaktır.

İyi yaşamak, aşk peşinde henüz daha kimsenin geçmediği yollardan Afganistan'a gidip, paramparça olmuş tek kristal bardağınla uçağa yalnız binerek İstanbul'a geri dönmektir.

İyi yaşamak, Tokyo parklarında Londra'yı konuşmaktır.

İyi yaşamak, Londra'daki Victoria garında, seni bekleyen zindanları göze alarak geri dönmektir.

İyi yaşamak, her umudunun bombok olduğu bir gecede La Rotonde'de şampanya içmektir.

İyi yaşamak, kimse basmasa bile yazı yazmaktır.

İyi yaşamak, tek başına koşturduğun eskimiş bir orta krat sürat motoruyla yalıların önünden geçerken, direksiyonu bırakıp uzun uzun denize çiş etmektir.

İyi yaşamak, hem evlilik çemberine sığamamak, hem de yalnızlıklardan yakınmamaktır.

* * *

İyi yaşamayı herkes ister.

Nah gözüm...

Genellikle insanlar güvenceli bir yaşamda gösterişli olmak isterler.

Yaşamların en kötüsü bataklıkta pirinç yetiştirerek pilav yapmak yerine, pirinci bakkaldan almaktır.

Tadına hiçbir zaman varamazsın.

İyi yaşamak, kimseyi kızdırmadan ve kimseye saygısızlık etmeden cehenneme gitme özgürlüğünü, böyle bir özgürlüğün de kullanılabileceğini takdir edebilecek vicdanlara kabul ettirmektir.

İyi yaşamak, otuz yaşlarında bir elinde telefonla hükümeti eleştiren yazıları ezbere yazdırırken, küçük kıkırtılarla sevdiğinin göğüslerini okşamaktır.

İyi yaşamak uluslararası toplantılardan sıkılıp Venedik'te gondol sefası yapmaktır.

* * *

İyi yaşamak, üç yüz kez ağır ceza davasına çıkmaktır.

İyi yaşamak, her şeyi sıfıra indirip, yaşama on kez yeniden başlamaktır.

İyi yaşamak, otuz üç yıl önce ölmüş babanın kendi zamanındaki genç dostlarından sağ kalmışlarla hâlâ daha selamlaşarak elçiliklerde viski içmektir.

İyi yaşamak, aklına esince basıp gitmektir.

İyi yaşamak, sonatları çok güzel çalan genç bir Fransız kemancısının konçertolarla senfonileri de çalması için ona bir orkestra bulmayı düşünmektir.

İyi yaşamak, söverken kibar olmak, kibarken de sövmektir.

İyi yaşamak, "önemli" sayılan her şeyi buna inanmışlara bırakmak ve kimsenin önemli saymadığı ayrıntılarda kâğıttan kayıklar yüzdürmektir.

İyi yaşamak, yerli yersiz şiir okumaktır.

İyi yaşamak, gerçekten sevmektir.

İyi yaşamak, iyi yaşamasını bilmeyenlere karşı koyacak kadar güçlü olmaktır.

* * *

İnsanların hepsi iyi yaşamayı severlermiş.

O kadar sevseler yaşarlardı.

İnsanlar iyi yaşamışlığın ne olduğunu henüz öğrenemediler bile...

İpi kopmasından ödlerinin koptuğu küçük tesbihlerindeki üç-beş çekirdeği durmadan çekmekle günlerini eritip gidiyorlar.

Bense tesbihimi daha doğarken kaybettiğim için lunaparklarda binmeyi kimsenin göze alamayacağı dik inişli ve dik çıkışlı "Rus dağı" heyecanlarında alabildiğine iyi yaşıyorum.

Musset tek vefalı dostunun yalnızlık olduğunu söylemişti.

Can Yücel de öyle...
Ben de onları anlıyorum...
İyi yaşamak, anlamaktır da...
Hele anlatılan, kuyuya atılan bir taş kadar başarılı bir yalnızlıksa...

8.5.1988

NOHUTLU PİLAV PEŞİNDE

Bilmem nohutlu pilavı sever misiniz, ben çok severim, ama nohutlar, nohutlu pilav kıvamının dışında kalıp, insanın dişine, diline pişmemiş fındık gibi takılmamalı...
Böylesine nohutlu pilav pişirmek bir başka gusto işidir. Beyoğlu'nun sosisli sandviç, bira, ayran, sahanda sucuklu yumurta da veren, biraz ayak üstü, biraz örtüsüz masalı lokantalarının birinin vitrininde, koskoca bir sininin içine tepeleme yığılmış nohutlu kırmızı pilav görerek, hemen içeri dalmıştım. Başındaki külahı, sırtındaki beyaz önlüğünden çok daha temiz görünen, bıyıklı bir aşçı, arada bir kepçesiyle vitrindeki sininin içinde tepeleme yığılmış nohutlu kırmızı pilavı, şöyle bir havaya atar gibi havalandırıp, büsbütün iştah kabartıyordu...
O sırada nasıl olduysa oldu, siniyle vitrinin kıyısından bir fındık faresi elektronik bir oyuncak gibi süzülerek bir görünüp kayboldu...
Nohutlu pilavı yiyemedim. Beğenip bayılıp, son anda frengili olduğunu öğrendiğim bir kadınla başbaşa kalmanın çaresizliği içinde, hevesim kursağımda kaldı...
Arada bir aklıma gelir o imrenip de yiyemediğim nohutlu tepeleme kırmızı pilav...

* * *

Bu belki de hepimiz için geçerli bir yaşam simgesidir.

İmrenip de şu veya bu nedenden tadamadığımız yaşam düzeylerinin gizli merdivenleriyle hepimiz az çok kendimizce uğraşmışızdır. Kimseye söylemeden uğraşmışızdır, yahut merdiveni çok kötüymüş diyerek uğraşmışızdır, ama uğraşmışızdır.

Benim uğraştığım merdivenlerden biri, bir hayli geç farkettiğim toplumdaki renk körlüğü oldu... Üç beş acı renkle, halılarla kilimlerde ya kırmızısı ya mavisi ağır basan renk yığılmalarının dışında, renklerle oynaşıp özdeş olmasını bilmeyen bir toplumun çocukları olduğumuzu, sağa sola yıllarca bakındıktan sonra anlayabildim...

Ne hava limanlarındaki griliğin çökerticiliği, ne lokantalarla gazinolardaki renk uyumsuzluğunun köstebekliği, kimseye batıcı gelmiyordu. Ne aynaları, ne bitkileri, ne de ılık ışıklarla örülen iç açıcı renk senfonilerini, bir yaşam dekoru olarak değerlendirebiliyorduk. Ve en hazini, renk bozukluğuna uğramış, kadınsız, kasvetle patlayan iniltilerin peş peşe birbirine eklendiği dünyalarda, asık suratlar ve gösterişli bıyıklarla neşe arayıp "yaşadık" demeye çalışıyorduk...

Ezik pilavın içinde nohutlar çiğ kalmış duruyordu.

* * *

Bu çok pahalı külüstürlüğü değiştirmenin merdivenlerini aramak da, askere gitmek kadar bir vatan borcuydu ama, böyle borçlar da olduğunu kimse kimseye ne söylemiş, ne de aklından geçirmişti.

Bu renk körlüğünü aşabilmek için acaba önce bireylerle toplumsal manzaraları karşı karşıya getirip, önce onları yaşamı "düşünce gözüyle" görmeye alıştırmak mı gerekiyordu?..

Toplumsal manzaraları düşünce gözüyle görmek...
Genç olsam, başka işim olmasa, elimde olanak da bulunsa, ceza mahkemelerinin dosyalarından televizyon dizileri hazırlardım...
Örneğin parkta öpüştükleri ve kendilerine engel olmaya kalkan bekçiyle tartıştıkları için, mahkemeye verilmiş bir çifti ele alırdım.
İddialarla savunmaları karşı karşıya getirir, ama ne karar verildiğini belirtmezdim. Sonra da rastgele televizyona davet ettiğim beş değişik vatandaşa,
— Siz böyle bir davada mahkeme jürisi olsanız, ne karara varırdınız, diye sorardım. Dosyalardan derlenmiş bu tür bir televizyon dizisi sanırım çok ilgi çekerdi. Çünkü her dizinin sonunda değişik beş vatandaşın verdiği kararla yargıcın verdiği kararı karşılaştırırdım. Kararlar arasında bir fark varsa, o farkın nedenlerini de açıklardım.
Nohutlu pilavı hep birlikte yeniden pişirmeye başlardık.

* * *

Sonra otuz yıldan bu yana köylülükten kurtulmuş kuşakların pek sevdiği "Ölmüş Yapraklar" şarkısını ele alırdım. Prevert'in o şiirini sinema diline aktarmaya hevesli amatörler arasında bir yarışma açardım. Başarılı olan denemeleri, şarkının fon müziğiyle seyircilere gösterirdim.
Ve sonra bir şey daha yapardım: aynı şiiri İspanyol, Filipinli, Kanadalı, Alman amatörlerin nasıl sinemaya aktardığını gösterirdim.
Bu sergileme bitince de, hiç akla gelmeyen bir başka değerlendirmeyi daha sunardım, örneğin o şarkıyı kendile-

rine aşk şarkısı yapmış bir anne-babadan doğan sakat bir çocuğun, o şarkıya karşı duyduğu tepkinin filmini yayınlardım.

Nohutlu pilavı ille de kıvamında pişirme inadı, acaba bir yerde renk körlüğünün ne olup ne olmadığı bilinciyle karşı karşıya getirmez miydi kişileri?

* * *

Nohutlu pilav sevmenin bu boyutları, birçok dosta,
— Yahu işin mi yok, aklını peynir ekmekle mi yedin sen, dedirtecektir.
Haklı da olacaklardır.
Ben sadece yanından fare geçmemiş nohutlu pilav nasıl güzel olabilir, onu araştırıyorum, nohutlu pilav yiyemediğime göre, aklımı peynir ekmekle yemeden de yapılabilecek bir aranış değildir bu...
Dostlarım benim kusuruma bakmamaya alışıktırlar, lütfen yine bakmasınlar...

10.8.1988

PASTIRMAYI DÜŞÜNMENİN DERİNLİĞİ

Pastırmayı düşünmenin bir derinliği var mıdır?

Akşamın iyice indiği, canları buğulu, sıcak bir kış odasının karanlığında, bir daha hiç mi hiç pastırmalı yumurta yiyememeyi düşünmek; çocukken tren yolunun yanındaki istasyona çıkan yokuşta, sabahleyin işe giderken kendisine pastırma ısmarladığın babanı, elindeki küçük paketi de görmenin sevinciyle karşılayıp kucaklamaya koşmak; uzak bir ülkenin kaybolmuş bir otelinde, bir gece yarısı uyanarak, canının birden pastırma isteyivermesine şaşmak; pastırmadan kaynaklanan çağrışımların, kanca attığı anılarla kendiliğinden derinleşmeye başlaması sayılabilir...

O nedenle de pastırma üstünde azıcık durmakta yarar vardır.

Yeterince bekletilmiş, çevresi hafif çimli, liflerindeki sarımtıraklıktan, dille damak arasında eriyecek kadar gevrek olduğu anlaşılan bir "tütünlük" dilimi; rengi koyu, tümden yağsız ama kayışlaşmış bir "şekerpare" dilimiyle aynı lezzette değildir. Aradaki fark, küçücük dilimleri birbirine ne kadar benzese de, "bacak"la "kuşgönü" arasındaki fark kadar büyüktür.

Makine pastırması, pastırmayı sevdiği halde pastırmadan anlamayanlar içindir. Onlar kadın sevip de kadından anlamayan zevk yoksulu, aysız, yıldızsız, dalgasız ve köpüksüz bataklık suyu erkeklere benzerler. Makineden geçme pastırmaların ince talaş lüleleri gözlerini alır ve makine pastırmasının ağızda nasıl çikletleşerek yutulmaz bir büyümeye uğradığını kestiremezler.

Birçok gencin evliliğin dış görüntüsüne kapılıp bir yaşam geviş getirmeye mahkûm kalması, pastırma uzmanlığının felsefesine erişememiş olmasındandır.

Kalite pastırma, satırla doğranan pastırmadır. Pastırma satıcıları bunu bildikleri için, has müşterilerine tezgâh altından en iyi parçayı çıkarır ve ince ince doğrarken de bir dilimi yan çevirdikleri satırın üstüne koyup onlara ikram ederler.

Böyle iyi pastırmayı börek içinde kullanmak da haramdır, kâğıtta pişirmek de...

* * *

Dördüncü yahut beşinci kadehte, meze tabağında birkaç dilim kalmış pastırmalara bakıp bakıp,

— Bu pastırma da vaktiyle canlı bir inekti, diye düşünmek, sanıldığı kadar derin bir düşünce değildir. Pirzola, yahni, köfte ve kavurma için de geçerlidir bu teşhis...

"Vaktiyle bu pastırma da canlı bir inekti," düşüncesinin, bir kulaç daha ötesi, "Vaktiyle bu pastırma da bir tutam ottu"dur. "Vaktiyle bu pastırma da bir tutam ottu"nun bir kulaç ötesi ise, "Vaktiyle bu pastırma da bir avuç davar dışkısı yahut bir avuç eşekle beygir fışkısıydı"ya kadar gider.

Beşinci kadehte tabaktaki son pastırma dilimlerine bakarak, bu kadar derinleşmenin anlamı yoktur.

Ama mutlaka derinleşme gereksinmesi duyuluyorsa, şöyle denebilir:

— Hey gidi dünya hey, yaşam da beni eze tuzlaya, sonunda şu birkaç dilim pastırmaya benzetti...

Bu dahi çok derin bir düşünce değildir ama bir duygusallık yaratır insanın yüreğinde.

* * *

Her fırsatta zekâ gösterisini sevenler, pastırmayla da ilgili bilmeceler üretebilirler, örneğin:
— Pastırmayla uçurtma arasında ne fark vardır, gibi...
Sonra da sırıta sırıta yine kendileri verebilirler yanıtını:
— Biri sarmısaklı, öteki sarmısaksızdır.

* * *

Spinoza pastırmayı bilse, bu konuda derin bir düşünce üretebilir miydi?
Sanırız ki söylerdi,
— Bilgelik pastırma gibidir, derdi. Ateş üstünde kaynamadan da çiğ kalmaktan kurtarır kendisini...
Yahut tersini söylerdi,
— Bazı insanlar pastırmaya benzer. Her zaman pişkin olduklarından genellikle kurtulurlar ateşe konmaktan.
Böylece her derin düşüncenin zıttını da içinde taşıdığını kanıtlamış olurdu.

* * *

Pastırmanın siyasal ekonomide de yeri vardır. "Yüz gram pastırma kaça biliyor musun?" sorusu, hiçbir zaman tazeliğini yitirmemiştir.
İkinci Dünya Savaşı sırasında, yaşam zorluğundan dert yananlar,

— Yüz gram pastırma kaça biliyor musun? diye başlarlardı söze...

Yirmi, otuz, kırk, hatta elli yıl sonra da bu alandaki eleştirilere pekâlâ başlanabilir aynı sözle:

— Yüz gram pastırma kaça biliyor musun?

Demek kuşaklar, dönemler, yönetimler değişse de, yüz gramlık pastırmanın siyasal ekonomideki yeri değişmiyor. Belki de o yüzden, pek sevilen bir halk türküsünde pastırmanın yüz gramlığından değil, elli dirhemliğinden söz edilmektedir. Ne de olsa sanatı politikadan biraz ayırmak gerekir.

* * *

Mizah dergileri pastırmaya daha başka bir açıdan yaklaşmışlardır. Eşek etinin pastırmada pek belli olmayışı, bu alanda yaptıkları araştırılarla iyi sonuç alan bazı Surdibi'nin gece yarısı kasapları yüzünden, mizahımızda karikatürlü bir yığın fıkranın yazılmasına neden olmuştur. Bunlardan biri de bir ilan biçimindeydi:

"Bilmedikleri pastırmalardan yiyenlerin toplum sorunlarına karışmamaları rica olunur."

* * *

Pastırmayı düşünmenin bir derinliği var mıdır?

Vardır vardır, karın doyurmayan onca düşünce yanında, pastırmayı düşünmenin derinliğine inanmak zorundayız.

FRİTÖZ

Eski kuşak yazarları ne güzel yemek tarifleri yaparlardı. Gerçi bunun bir nedeni, politik eleştirilere konmuş olan yasaklardı ama, bir nedeni de, eski kuşak yazarlarının dil ve damak zevkine olan meraklarıydı.
Dört başı mamur güzel bir yemek yemek, bir Frenk senfonisi dinlemek gibi bir şeydi onlar için.
Refi Cevat bir kaymaklı pilav anlatırdı, en tok zamanında bile ağzının suyu akardı.
Refik Halit ise reçel ve şuruplara tutkundu. Öykülerinde pek ayrıntılı çizdiği peyzajları, onlarla renklendirirdi.

* * *

Bizim kuşak, meslek dışı uğraşlara pek yönelemedi.
Oysa günlük yaşamın en keyifli yanı hobilerdir.
Küçük trenler...
Japon pingponu...
Elektronik satrançlar...
Hava tüfekleri...
Video kamera...
Slaytlar, projeksiyon makineleri...
Müzik...
Akvaryum...
Ve mutfak...

* * *

Bunların keyfini en iyi bilen dostlarımın başında Fikret Otyam gelir. O bir zamanlar eve et, ekmek falan alacağına, gider akvaryum balığı alırdı...

Ben daha çok yalnız yaşamların mimarı olduğum için, kendime pabuç alacağıma, gider fotoğraf sehpası, süper 8 spotuyla ekranı, plak, band, pipo altlığı gibi, ne kadar kullanıp kullanmayacağım belli olmayan şeyler alırdım.

* * *

Son günlerde de elektrikli mutfak eşyasına taktırdım aklımı.

Bir fritöz aldım.

Yani her türlü kızartmayı yapan elektrikli bir tencere...

Tencereyi işaretli bölümüne kadar sıvı yağla dolduruyorsun. Tencerenin içinde aşağı yukarı inip çıkan, telden ikinci bir kap var. Kızartacağın şeyleri içine koyacağın bir kap...

O telden kaba, tencerenin dışındaki bir mandal kumanda ediyor. O mandalı aşağı doğru çevirince, tel kap, yağ havuzunun içine iniyor. Yukarı çevirince, yağ havuzunun üstüne çıkıyor.

* * *

Bir de tencerenin yağ ısısını ayarlayan iki düğmesi var...

Birinci düğme az kızgın... İkinci düğme çok kızgın...

Tencerenin içine belirli çizgiye kadar yağı doldurdun. Tel kap, yağ havuzunun üstünde... Kaba ayıklanmış barbunya balıklarını yerleştirdin. Ve fritözün kapağını kilitledin.

Birinci düğmeye basacaksın.

Bir ışık yanacak...

On beş dakika bekleyeceksin... Daha doğrusu ışık sönünceye kadar bekleyeceksin. Işık söndü mü, yağ istediğin kıvamda kızdı demek...

Tel kabun dışardaki kumanda mandalını aşağıya doğru yavaşça çevirerek, kabı barbunya balıklarıyla birlikte kızgın yağ havuzunun içine indireceksin.

* * *

Beş dakika bekleyeceksin.

O sırada bir baş kırmızı soğan doğra...

Beş dakika sonra, kumanda mandalını yukarı çevir ve yağda kızarmış balık dolu tel kap, tencerenin üstüne doğru yükselsin...

Kapağı aç...

Tel kabı, özel tutacağıyla tencereden çıkar, balıkları bir tabağa diz... Üstüne sık limonu... Yanında doğranmış kırmızı soğan halkaları...

İki dilim taze ekmek...

Enfes oluyor...

Ve kokusuz. Fritöz kokusuz pişiriyor her şeyi...

* * *

Sadece kadınbudunda başarıya ulaşamadık.

Kadınbudu köfteler, tel kabın içinde birbirine yapışıyor, yumurtadan sakalları da, tavadaki gibi gelişip kabarmıyor.

Şimdi onun sırrını çözmekle meşgulüz.

Fritöz bir harika... Kokusuz ve çabuk...

Mikser seti de öyle... İster havuç salatası, ister patates püresi, ister muzlu süt...

Onda da mayonezi kıvıramıyorum. Yumurtayla zeytinyağının aynı ısıda olması gerek galiba... Buzdolabından alınmış yumurta, ısı ayarını bozuyor...

* * *

Yaşam sadece siyasal ve toplumsal konular değildir...
Fritözü kullanmasını bilmek de önemlidir.
Haşlayarak kızartmasını becerme tekniği... Ve bunu kokutmadan yapacaksın...
Yaşam, onu değerlendirebildiğin kadar anlamlıdır.

20.1.1988

MERCİMEK

Latincesi "Lenticula"dır. Yeşili vardır, kırmızısı vardır. Yeşilin çorbası da olur, yemeği de olur. Kırmızısının sadece çorbası olur.
Yeşilin çorbası genellikle terbiyesiz olur. Ve terbiyesiz yeşil mercimek çorbası özellikle kış sabahlarının pencereleri ıssızlığa bakan köy öğretmeni evlerinde enfes olur.
Dumanı üstünde afilenen bir kâse koyu yeşil mercimek çorbası... Üstüne kazara limon sıkmaya kalkarsan, limon damlaları göz göz izler bırakır. Ve terbiyesiz bir çorbada limon, lüfer ızgaranın üstüne sirke dökülmüş kadar ters durur.

* * *

Limonu lüfer ızgaranın üstüne sıkacak, sirkeyi -şöyle bir büyükçe kaşık- yeşil mercimek çorbasının kâsesine karıştıracaksın...
Dumanlı, koyu bir kaşık üzüm sirkeli yeşil mercimek çorbası.. Hele yalnızsan... Hele akşam yemeğini tek başına yemeye üşenmişsen... Ve sabahleyin eve yardıma gelen annemsi köylü kadını pişirmişse sana böyle bir çorbayı... Koyu ve duman duman bir kâse çorba... Sonra yak sigaranı ve II. Murat'ı düşün...

* * *

Yeşil mercimeğin yemeği, kıymalı ve karanlık yüzlü olur... Savaş günlerinin kıtlığında, peynir kırıntılı erişténin perde çavuşu gibidir. Önce o görünür sofrada... Bilirsin ki erişte gelecektir arkasından, yahut bulgur pilavı...

İkinci Dünya Savaşı'nda yatılı okullarda büyümüş çocuklar, çok iyi bilirler yeşil mercimek yemeğinin haftada en az iki kez arz-ı endam eden doyurucu ama bıktırıcı nimetini...

* * *

Kırmızı mercimek daha kent soyludur. Ve sadece çorbası yapılır. İçine azıcık pirinç, havuç ve patates dilimleri koyar da, düdüklüde pişirirsen, arkasından yiyeceğin yumurtalı piyazla ızgara köftenin liman iskelesini güneşle yoğurmuş, güneşle çiçeklemiş, güneşle şenlendirmiş olursun... Hele bir de yanında ayaklı bombe bir kadehte, Tokat bağlarının yakut renkli şarabı varsa...

* * *

Mercimek aşk tarihine fırınlanarak girmiştir. Mercimeği fırına verdiğin zaman, kadınla erkeğin daha önce aklından geçenleri vücutları uygulamaya başlar.

Mercimeğin edebiyat tarihine girişi ise, bundan beş yüzelli yıl önce yaşamış Ahmet Efendi sayesinde olmuştur.

O Ahmet Efendi ki, herhalde ufacık tefecik olduğu için, kendisine mercimek lakabı takılmıştı...

* * *

Kış sabahlarının kırsal yalnızlığını bir kâse yeşil mercimek çorbasıyla paylaşmaya uğraşan köy öğretmenlerinin, ilk sigarayı yakarken II. Murat'ı anımsamaları, içtikleri çorbadaki hammaddenin, onun döneminde bir yazara unvan olmasından ötürüdür.

Mercimek Ahmet'in Kabusname'sini alıp okuyun. Beş yüzelli yıl öncesinin çocuksu kültürüyle, kültürel çocuksuluğunu görür ve her mercimek yiyişte Ahmet Efendi'nin ruhuna bir selamcık gönderirsiniz.

* * *

Demokrasilerde mercimeği sevmek ve sevmemek özgürlüğü vardır.

İsteyen sever, isteyen sevmez.

Ben örneğin demokratik özgürlüğümü, özellikle mercimek çorbasını sevmekten yana kullanmışımdır.

Kimbilir belki de bilinçaltımda nasıl fırınlandığının ilk gençlik merakını hâlâ unutamadığım için...

21.3.1988

KABAK ÜSTÜNE ÇEŞİTLEME

Kabak deyince insanın aklına neler ve neler gelir.
Önce aşınmış araba lastiği gelir. Yol ıslaksa, önde giden arabanın lastikleri kabaksa ve bir de fren yapmak zorunda kalmışsa, kabak kafalı bir sürücü yüzünden kendini kabak gibi zincirleme bir kazanın ortasında haşat olmuş bulursun.
Ancak kabak kafalıyla kafası kabak olanı da birbirine karıştırmamak gerekir.
Dazlaklara, kellere de kafası kabak denebilir.
Kabak kafalı ise düpedüz dangalak demektir.

* * *

Kabağın çeşitleri boldur.
Sakız kabağı, asma kabağı, bal kabağı, su kabağı...
Şöyle çıtır çıtır kabak kızartması...
Üstüne azıcık sarmısaklı yoğurt...
Çiroz salatası, beyaz peynir ve dilim dilim kesilmiş mis kokulu ithalat malı pembe kavunlar yanında...
Vatan, dünyanın tadını çıkarmasını bilenlerin sayısı arttıkça yükselir. Onlara çağdaş insanlar diyorlar, gerisine de kabak kafalı...

* * *

Kalye düdüklüde her zaman iyi olmuyor.

Küçük bir kuşanede suyunu çeke çeke pişmeli ve tam kıvamında ilk yemek olarak sofraya konmalı...

Kabak dolması dereotuyla enfestir. Her kestiğin halkanın içinde ağızda eriyen kıymayla pirinç orantısı... Bulamaç ezikliğinde değil, diri de değil... Ve dereotu... Ve kendiliğinden ılıklamış tatlı yoğurt...

İstanbul'daki yaz akşamlarının tadına, damağınla da varırsın.

İmambayıldı, soğanını çok kavurursan da rezalet olur, hiç börttürmezsen de...

Ne geniz yakacak, ne mide ekşiyecek...

İyi pişip salçanın içine karışarak soğumuş birkaç diş sarmısak yumuşacık olacak...

Bir ailede başarıyı kim sağlarsa sağlasın, mutluluğu mutlaka kadın sağlar.

Tabii kendisi de mutluysa... Mutfak sanatını ancak o zaman ıskalamaz çünkü...

* * *

Mücver, dolmalık kabağın içiyle biraz un, çırpılmış yumurta, bol dereotu karışımından hazırlanmış yumuşak bir hamurdan hazırlanır ve kızgın bir tavada kaşık kaşık kızartılır.

Ne kadar taze yenirse, o kadar keyiflidir. Hele içinde azıcık peynir de varsa...

Güveçte kabak, misafir yemektir.

Kabak ograten, alafranga kadın güzelliğindedir. Güzelliği hem ağırlık yapmadan, hem de çok karnını doyurmadan, lezzetini tattırmasında ve bıktırmamasındadır.

* * *

Asma kabağı bir çardak ürünüdür.

Tarlan, bahçen yoksa da, üzüm salkımlarıyla rekabete girişmiş bir sofra sebzesini, kapının önündeki çardakta mis gibi yetiştirebilirsin.

Bir asma kabağı, bir düğün çorbasıyla bir aile doyuyor. Hele yanında bir de domatesli pilav varsa...

Memurlar genellikle bunu bilmezler.

Devlet, korkutuculuğunun cakasına ömür bastırmaktan, karınlarının nasıl doyabileceğini öğrenememişlerdir.

* * *

Ya balkabağı...

Dış görüntüsünden adı kötüye çıkmıştır.

Oysa tatlıların en güzellerindendir.

Özgür konuştukları için çok kişiyi irkilten yazarların, tek başına zevkle okunan kitapları gibi...

Öylesine kıskançlık çekmişlerdir ki, kabak tatlısının Bizans-Osmanlı çürütmeciliğine uğramasına neden olmuşlardır.

Geçmiş yüzyıllardaki entellerin kabak tatlısını "Kabak tadı verdi" diye horlamaları, ona karşı başka bir eleştiri bulamamalarındandır.

Kabak tatlısının kişiliği vardır. Hiçbir zaman vişne hoşafı tadı vermez. Her zaman kendi tadını verir. Bunu eleştirmenin anlamı yoktur. Sevmiyorsan yemezsin.

Balkabağının dış görüntüsü tuzaklı, iç görüntüsü mucizelidir.

Kavrulmuş çekirdeğine de kazara el uzatırsan, bir daha vazgeçemezsin.

Baudelaire, Albatros'u anlatacağına balkabağını anlatsa, belki de birçok sanatçıyı daha iyi anlatmış olurdu.

* * *

Kiminin kafası dıştan kabaktır...
İçi göründüğü gibi değildir.
Kimininki içten kabak...
Kabakların içi, hiçbir zaman dış görüntüsünden kaynaklanan peşin yargıları doğrulayacak bir kabaklıkta olmamıştır.
İnsanlar ise, bunun tersini çok bolca kanıtlamışlardır.

1.6.1988

KÜÇÜMSEDİĞİMİZ ÜSTÜNLÜKLER

"Cambaz" ve "hokkabaz" sözcüklerinin günlük dilde aşağılayıcı sıfatlar olarak kullanılması öteden beri aklıma takılmıştır.

Neden cambazlarla hokkabazları olumsuz olarak görmüşlerdir insanlar?

Çoğunluğun kıvıramadığı ve şaşkınlık yaratma ötesi hiçbir işe yaramayan ilginç hünerler gösterdikleri için mi?

Doğrusunu isterseniz aklıma yatkın bir yanıt bulamıyorum bu soruya. İnsanları korkutmaya kalkmış olanlarla eğlendirmeye kalkmış olanlar arasındaki kıyaslamada, nedense ikinciler daha çok hor görülmüştür.

Belki de bu büyük haksızlıkta, insanın öteki yaratıkların içgüdüselliğinden ayrılarak beyinsel bir gelişim göstermesiyle birlikte doğaya da yabancı düşmeye başlaması, gizli bir rol oynamıştır.

İnsanlar dünyaya eğlenmek için geldiklerini bilecek tek yaratıkken, kahır çekmek için geldiklerine inanmışlar ve durmadan birbirlerine kahırlar yaratmışlardır. Ve işin garibi kahredici olmak, eğlendirici olmaktan daha saygın bulunmuştur.

* * *

Aslı aranırsa kahredicilik, başka insanların yazgılarına egemen olmak tutkusundan kaynaklanır biraz da... Hepimiz elimizde olmadan başkalarının yazgılarına egemen olma sevdasını taşırız içimizde... Bu sevda bazen akıl öğretmeye yönelir, bazen korkutmaya, bazen emir vermeye, bazen öldürmeye, bazen de yaratmaya çalışmaya...

Başkalarının yazgısına egemen olma sevdasının da altında, kendi yazgımıza egemen olmaya uğraşma çırpıntıları yok mudur acaba? Kendi yazgımıza egemen olmak isteği ise son toplamda, ölümden kurtulmanın bir yolunu bulma didinmesinden başka bir şey değildir. En acımasız kraldan kahve kabadayısına kadar, fırsat bulduğumuz oranda Tanrı taklidi yapmaya kalkmamız, ölüm korkumuzun değişik havuzlardaki değişik fıskiyeleridir.

Yazgılara egemen olduğumuz ölçüde güçlü olduğumuz, güçlü olduğumuz ölçüde de ölüm dışına düştüğümüz avunması sarmalayıp durur ihtiraslarımızı...

Ve bu çarpılmada, dünyaya eğlenmek için geldiğimizi yakalayabilecek tek yaratıkken, birbirimizin yazgılarına egemen olmak yöntemleriyle uğraşmayı, eğlence üretmekten daha saygın buluruz.

* * *

Cambazlarla hokkabazları hor görmemizde, onların eğlendirici nitelikleri baş etkendir. Tıpkı palyaçoları da hor gördüğümüz gibi...

İkinci etken ise, bizi eğlendirdikleri halde, bizlerden çok daha yetenekli olmalarıdır. Bizden daha yetenekli olanların, bizi eğlendirmesine değil, bizi korkutmasına programlanmışızdır.

Cumhuriyetçilik felsefesi bu çarpıklığı düzeltme çabalarının en sağlıklı akımı olmuştur.

Cumhuriyetler, yaşama hakkını eğlenme hakkı olarak da değerlendirmişlerdir. Ve cambazlıkla hokkabazlık hor görülen uğraşlar olmaktan cumhuriyetlerle birlikte kurtulmuştur.

Bizim kafa kesmekle ünlü sert padişahlardan birine, örneğin IV. Murat'a üstün yeteneklerini insanları korkutmaya değil, eğlendirmeye adamış insanların aslında çok saygın kişiler olduklarını anlatmaya olanak yoktu.

Bunu yürekten görebilmek için, gerçek bir cumhuriyetçi olmak şarttır.

Neden monarşilerde eğlendiricilik aşağılanmıştır? Çünkü eğlenme hakkının bilincine erişmek, özgürlüğe merdiven dayamak demektir. Özgürlük ise yazgılara egemen olma tekelini kimseye vermez, bu egemenlik ulusun kendindedir.

* * *

Belirli aşamalardan geçmemiş toplumlarda, kitlelerin eğlenme olanakları da kısıtlıdır. Örneğin bizde, yılda iki kez kurulan bayram yerleriyle İstanbul'daki eski Ramazan geceleri ve düğünler dışında, eğlence üretimi kurumlaşıp yaygınlaşamamıştır. Ayrıca o eğlencelerdeki gösteriler de çok yüzeyde kalmıştır.

O kadar ki, bizde yetişmiş akrobatlar yahut ilüzyonistler üstüne bir araştırma bile yoktur.

Zaten eşdeğer yaşamların dışında kalmışların kendilerine özgü değişik dünyalarıyla ilgilenmek, yazarlarla gazetecilerin öncülüğünde gelişmiştir. Bizde ise yazarlıkla gazeteciliğin yaşı, Sayın Bayar'ınkinden üç beş karış fazladır. Onun için de konularımız, iki elin parmaklarını ya aşar, ya aşmaz.

Bir araba yarışçısının, yahut bir dağ idmancısının, yahut bir uzay bilgininin yaşamlarını yazacak kadar, onları tanıma olanağı bulamamışızdır. Bildiğimiz konuların dışındaki konular da zaten önemsiz gelir bize...

Yağmur yağınca İstanbul sokaklarını neden seller basıyor diye, yalnız ben kimbilir kaç yazı yazmışımdır. Her gece ölüme oynayan ve o sırada duygusal dramlar yaşayan akrobat bir ailenin öyküsünü de Cronin yazmıştır.

Kolay değildir bazı çerçeveleri genişletmek ve insanın dünyaya mutlu olmak için gelmiş olabileceğini de arada sırada anımsamak...

2.6.1988

OYMACILIK

Eskiden nalburlarda ne güzel oyma modelleri satılırdı. Taş basması mıydı, ne basmasıydı bilmiyorum, yalnız İtalya'dan geldiğini biliyorum. Üzerinde mavi mavi kutu modellerinin, dolap modellerinin, kafes modellerinin, resimliklerin, sepetlerin bulunduğu çarşaf gibi kâğıt tabakalarının sol üst köşesinde, italik harflerle Milano diye yazardı.

Göztepe'deki Madam'a giderdim.

— Oyma modeli istiyorum, derdim.

Başında topuzu ve bitmeyen gülücüğüyle Madam, kaç Göztepe kuşağının çocukluğuna karışmış, çeyrek yüzyıllık bir dükkâncı tipiydi. Okullar açıldığı zaman defterler ondan alınır, kaplama kâğıtları ondan alınır, kalem, silgi ve cetvel ondan alınırdı. Madam her defter alana, ekstradan bir de etiket verirdi. Böyle cabadan verilen on paralık -ki o zamanlar on para vardı- etiket, pek sevindirirdi çocukları.

Neler yoktu Madam'da; uçurtma ipi, çıta, çıkartma, kıl testeresi, kontrplak, matkap, oyma modeli...

Oyma modelleri tezgâhın arkasında, tahtaya geçirilmiş gazete koleksiyonu gibi, kapkalın dururdu. "Oyma modeli istiyorum" deyince, Madam, model blokunu sopasından tutar, tezgâhın üstüne koyardı. Terzide elbise modeli beğenir gibi, çevire çevire bakardık...

* * *

Resimlikleri yapmak kolaydı. Kıyıları işlemeli hilal biçimi resimlikler, dört köşe resimlikler, armudi resimlikler. Acemiler resimlik modeli alırlardı. En zor olanları kafes, sepet ve dolap modelleriydi. Her parçayı ayrı ayrı oyacak, zımparalayacak ve birbirine takıp tutkallayacaktın. Parçaların kıyılarını özenli kesmezsen, montaj zorlaşır, kontrplaklar bir türlü birbirine geçip yapışmazdı.

İğneyle kuyu kazmak gibi bir şeydi oymacılık. Modeli sulu hamurla kontrplağın üstüne yapıştırdıktan yahut modeli ziyan etmek istemiyorsan, biçimini karbon kâğıdıyla tahtaya çizip çıkardıktan sonra; matkabı alır, bütün boşlukları delmeye başlardın. Minicik minicik boşluklardı bunlar. Kıl testeresini soka çıkara, boşlukları teker teker oydukça, tahtanın üzerinde dantel gibi fıskiyeler, çiçekler, kuş yuvaları canlanmaya başlardı. Bazen bir dikkatsizlik, bir boşluktan ötekine geçiş, mahvederdi oymayı. Eksik bir diş gibi fazla oyulan bir parça, pis pis sırıtıverirdi.

* * *

Benim oyma makinem vardı. İki tahtayı üst üste mıhlar; bir oyuşta, bir kutunun iki kıyısını birden çıkarırdım. Kıl testeresiyle çalışanlar, bu kadar kalınlığı bir seferde kesemeyecekleri için, önce bir kıyıyı, sonra ikinci kıyıyı oyarlardı.

Oyma makinesinin başında saatler geçerdi. Yüzlerce delik. Her delik için makineyi açacak, kıl testeresini tahtanın arasına geçirecek ve kapatacaksın. Orası oyulunca tekrar açacaksın makineyi; kıl testeresini çıkaracak, yanındaki deliğe sokacaksın.

Bütün parçalar oyulunca, bir keyif gelirdi insana. Uzun uzun hepsini altlı üstlü zımparalar, temizlerdik. En zor olanı bu parçaları birbirine takmaktı. Ne kadar dikkat etsen, parçaların kıyıları pek düz çıkmaz ve birbirine kolay takılmazdı. Tutkalla uğraşmak da ayrı bir işti. Bazan tutkallardın tutkallardın bir türlü yapıştıramazdın. O zaman canına tak edince, cam çivisiyle parçaları çakmaya kalkardın ki, pek tehlikeliydi bu. Bir fazla çekiç darbesi, kaç günlük emeği çatlatır, berbat edebilirdi.

* * *

Oymayla uğraştığım yıllar artık mamutlar döneminde kalmış gibi. Numara numara kıl testerelerim, kontrplaklarım, modellerim, matkaplarım, kimbilir nerelerde kaybolup gitti.

Şimdi ortalığa bakıyorum da, yine herkeste bir oyma merakı. Yine herkesin elinde bir kafes modeli. Kıl testereleri işliyor, matkaplar bastırılıyor. Ne yazık ki oymaya kalktıkları şey, masum bir tahta parçası değil, birbirlerinin gözleridir. Herkes birbirinin gözünü oya oya bir kafes hazırlamaya çalışıyor. Korkarız ki bu gidişle, başkası için yapıldığı sanılan kafese, sonunda tüm olarak kendi giren bir âmâ sürüsüne dönüşeceğiz.

7.8.1984

"BÜYÜKLERİN SÖZÜ"
NEDİR, NE DEĞİLDİR

Bana çocukken boyuna,
— Büyüklerin sözünü dinle, der dururlardı.

Ben ise büyüklerin neyi ne kadar bildiklerinden kuşkulu olduğum için, onların sözünü dinlemenin fazla bir yarar sağlayacağına doğrusu inanmıyordum.

Bu inançsızlığımın baş nedeni, büyüklerin bir ortaokul çocuğu kadar dahi bilgili olmadıklarını sezmiş olmamdandı...

Örneğin hiçbiri, bir üçgenin iç açılarının toplamının neden yüzseksen derece olduğunu kanıtlayamıyordu. Çünkü hiçbiri, iki paralel doğruyu aynı zamanda kesen bir yamuğun, iç açılarındaki çapraz eşitliği bilmiyordu.

Bunu bile bilmeyen bir büyüğün, başka konuları daha iyi bildiğine bir çocuğun güvenmesi zordur.

Çaktırmadan her birine tek tek soruyordum:
— Bir havuza iki çeşmeden birden su akıyor. Çeşmelerden biri havuzu tek başına bir saatte, öteki iki saatte dolduruyor. Acaba ikisi birden havuzu kaç saatte doldurur?

En güvendiklerim bile şu yanıtı veriyorlardı:
— Biz okuduk, okuttuk, unuttuk...

Ben ise onların okuyup unuttuklarına değil, düşünmeye çok yabancı oldukları için, soruya yaklaşma cesaretini bile gösteremediklerine ve düpedüz yalan söylediklerine inanıyordum.

* * *

Büyüklerden bir tanesi "büyüklere yalan söylersem", cehennemde zebanilerin, dilimi ensemden kızgın kerpetenlerle çekeceklerini anlatıp duruyordu.

Kendisi ise komşuya gidip geç kaldığı, akşam sofranın zamanında hazırlanmadığına kızan kocasına, camiye gittiği için geciktiğini söylüyordu.

Büyüklerin güvenilir kişiler olmadığını, sadece çocuklara egemen olmak için, onlara afur tafur yapmaya kalktıklarını görüyordum.

Her birinin bize okutulan derslerden haberi yoktu. Ayrıca bana nelerin okutulduğunu merak da etmiyorlardı. Belki de merak ederlerse, bilgisizliklerinin ortaya çıkacağından korkuyorlardı.

Ama yine de her fırsatta,

— Büyüklerin sözünü dinle, deyip duruyorlardı.

Ben de onlara Yavuz Selim'in hangi tarihlerde yaşadığını soruyordum. Yanıt hep aynı oluyordu:

— Biz okuduk, okuttuk, unuttuk...

İçimden,

— Elinizin körü, diyordum.

* * *

Bu sonradan bana, kendi çocuklarımla olan ilişkilerimde, asla madrabazlık etmemeyi öğretti. Onların sordukları sorulara verdiğim yanıtları, yanlarında bir kez daha kitaplara bakarak, gözden geçiriyor, yanılmışsam,

— Kusuru bakmayın yanılmışım, doğrusu böyleymiş, diyordum. Bilginin bir bellek gücü sorunu değil, üstüne düşülen konulara ait kitaplarla, sürekli bir alışveriş sorunu olduğunu göstermeye çalışıyordum. Birbirimizle bilek güreşi yapmadan, birlikte eğiliyorduk sorunlara...

Bu yöntemin bana da, onlara da büyük bir yararı dokundu. Mantığın, düşünmenin, analizlere ve sentezlere gitmenin, önüne gelen büyüğün sözünü dinlemekten çok daha ötede bir şey olduğunu, tekrar ortakça keşfettik.

Bu yüzden beylik baba pozuyla öğütler verme cakasını tadamadım ama, kendime de elimden geldiğince, "Yine attı kıtırı bizim peder" dedirtmedim.

Ve şunu öğrendim ki, büyüklerle çocuklar arasındaki ilişkinin içgüdüsel bir sevgiye dayanan yönü, kazara büyüklerce bir kişilik gösterisi için sömürülürse, çocuklar da başlangıçta tattıkları o ezikliğin acısını, sonradan çok gaddar çıkarıyorlar. İki taraf da birbirlerini kendi gönüllerinde boyuna öldürüp duruyorlar. Çocuklar çocukluklarında mutsuzluğa mahkûm edilmişlerse, onlar da büyükleri yaşlılıklarında mutsuzluğa mahkûm ediyorlar.

Bu genel denklemin dışında, çeşitli şaşmalara uğrayan durumlar da oluyor tabii. Onun da nedeni, ev içi anlaşmazlıklarında çocukların koz diye kullanılması. Anneye yahut babaya karşı, ağır bir koşullanma altında taraf olmaya başlayan çocuk, yaşamını değerlendirmekte de zorluklara uğruyor. Belirli bir hipnozun refleksleriyle nereye uçup, nereye konacağını bilemiyor.

* * *

Yaşamı her gün nasıl yeniden yaratmak gerekiyorsa, büyük-çocuk ilişkisini de hangi yaşta olunursa olsun, her zaman yeniden yaratmak gerek... "Gördün mü nasıl haklı çıktım-Gördün mü nasıl dediğim oldu" didişmesinin çok ötesinde bir düzey bu...

"Yaşamı her gün yeniden yaratmak" soyut bir yaklaşım gibi görünür. Oysa o kadar da soyut değildir. Değişik pişen yemek, değişik biçimde taranan saç, değişik bir konuşma konusu, değişik bir sinema, değişik bir plak, değişik bir fıkra, değişik bir bakış açısı, tazelemeye yeter günü... Hergün değişik bir yazı yazma gibi bir şeydir bu... Büyük-çocuk ilişkileri de, eski saplantılardan arıtılması ve sık sık havalandırılması gereken ilişkilerdir. Yaş fazlalığı bir "büyüklük" nedeni değil, daha önce doğmuş olma çaresizliğidir. Bu çaresiz büyüklüğün, daha sonradan doğmuş olanlara karşı bir üstünlük taslama gerekçesi olarak kullanılması, başka türlü "büyüklük"ü becerememekten kaynaklanır. Başka türlü "büyüklük"ün ise yaşla bir ilgisi yoktur. Enerji, zekâ kapasitesi, donatım, ne istediğini bilme ve olayları yönlendirebilecek diyalektik bir mantığı içine sindirmiş olmayla ilgisi vardır. Kişiler arasındaki yaş farkı tek başına bir üstünlük ögesi olmaya yetmez. Her zaman rastlanabilir yaşı ilerlemiş bir sürü budalaya, nasıl ki yaşı genç ahmakların sayısı da, onlarınkinden daha az değildir.

Her ikisi de, bir üçgenin iç açılarının toplamının yüz seksen dereceye denk olmasındaki tılsımın tadına varamaz.

Varsa, zaten birinciler "büyüklerin sözünü dinle" diye tutturmazlar, ikinciler de yaşlanınca aynı sözü tekrarlamaya kalkmazlardı.

4.8.1988

OKUMAK NEDİR?

İnsan niçin okur?
Öğrenmek için.
Düşünmek için.
Zevk almak için.
En sıkıntılı olan birincisidir. Öğrenme merakının henüz yeterince gelişmediği okul yaşlarında; çocukların ders çalışmaya, yani okuyarak öğrenmeye zorlanmaları, büyük ölçüde kitaplardan soğutur onları...

Lise diplomamızı aldığımız gün kaç arkadaşım, ders kitaplarını cayır cayır yakarak, o baş belası ciltlerden öç çıkarmanın sarasına tutulmuştu.

İçinden gelmediği halde zorunlu olarak öğrenmek için okumak...

Ve çok doğal bir tepkiyle kitaplardan nefret etmek...

Çocukta öğrenme merak ve zevkini uyandıramadan, onu baskıyla ders çalışmaya itmek; börek pişirme keyfinden yoksun kişiye, yufka açma taklidi yaptırmak gibi bir şey...

Ne onun yufka açma taklidiyle yufka açılır, ne de börek olur. Olsa olsa ıkıntılı sıkıntılı geçen yıllar sonunda bir diploma indirilir cebe...

* * *

Çocukta öğrenme merakını uyandırma sorunu çok başlı bir sorun.

Önce aile ortamında böyle bir merak var mı?

Sonra bu merakı uyandıracak anlatım ve enerji yeteneğinde kaç öğretmen bulabilirsiniz?

Yarısının boşa gideceğini bile bile nefes tüketmek kolay değil.

Hukuka ilk girdiğim yıl Anayasa dersinde rahmetli hocam ve dostum Bülent Nuri Esen bir Fransız devrimi anlatmıştı, bayılmıştım.

O çekimledir ki, o tarihten on beş yıl sonra Milliyet'e Fransız devrimi üstüne genişçe bir dizi yazmak özlemini duydum.

* * *

Bir konuyu, dinleyenlerin bir daha unutamayacağı bir biçimde anlatmak... Bunun için hem konuya egemen olmak gerekir, hem de anlatmayı dolu dizgin sevmek... Belki o zaman öğrenmeye ve öğrenmek için kendi özgür idaresiyle kitap okumaya karşı bir merak uyanır çocuklarda...

Ama yine de toplumun üstüne çıkmış dehaların ürettiğini, yaşamla henüz bütünleşmemiş ve sönük ortamlardan gelmiş Liliputlar dünyasının beynine yansıtmak kolay değildir.

* * *

Düşünmek için okumak, ayrı bir eğilimdir. "Düşünce"nin yaşamda yarattığı tılsımı sezmedikçe gerçekleşemez.

Gördüğünü tekrarlamanın ötesinde, doğayla onun parçası olan toplumu, koşullanmalardan arınmış olarak bir kez daha yorumlama özgürlüğünü arama çabalarıdır düşünmek için okumak...

En azından temel kültüre dayalı belirli bir düzey ister.

* * *

Zevk almak için okumak ise, bir sanat tutkusu, hatta sarhoşluğudur.

Müzik dinlemek kadar ruhsal doyumların uzaylarına götürür insanı.

Harflerin zincirlerinde büyük ozanların elektron cümbüşleriyle gerçek yazarların anlatım ışınlarını görürsünüz.

Bir başka yaratıcılığın ve estetiğin, ölüm dışı projektörleri tarar yüreğinizi...

* * *

Zevk almak için okumak...

Çağımız bu zevki sinemaya dönüştürüyor artık.

Bizim kuşak, kitaplıklarıyla övünen bir kuşaktı. Gelecek kuşaklar video kasetlerinin sayıları ve çeşitleriyle övünecekler.

Ama harfler ekran görüntülerinin ruhunu oluşturarak arşivlere süprülse bile, insanlığa armağan ettikleri mucize zevkler hiç unutulmayacak...

23.3.1988

YOZ DÜŞÜNCEYLE YARATICI DÜŞÜNCE

Bin yıl öncesinin en büyük tartışma konularından biri de neydi biliyor musunuz?

Âdem ile Havva'nın göbek çukurlarının olup olmadığı...

Âdam çamurdan, Havva'da onun göğüs kemiğinden yaratılmış olduğu için, ikisi de ana karnından çıkmamıştı. Bu yüzden papazların bir bölümü,

— Âdem ile Havva'nın göbek çukurları yoktu. Göbek çukuru, ceninin anne karnındayken kendisini besleyen bağırsağın, doğduktan sonra kesilip düğümlenmesi sonucu, zamanla oluşan bir çukurdur, diyorlardı.

Bir bölüm papaz ise,

— Onlar anne karnından çıkmadılar ama bugünkü insana tıpatıp benzeyecek biçimde yaratıldılar. Nasıl ikisinin de elleri, ayakları, ağızları, burunları varsa, göbek çukurları da vardı, diyorlardı...

Tartışmalar üç yüz yılı aşkın bir süre uzayıp gitti.

* * *

Bir başka tartışma da İsa'nın pipisiyle ilgiliydi. İsa, Musevî doğumlu olduğu için, dünyaya gelir gelmez sünnet edilmişti. Papazların bir bölümü,

— İsa göğe uçunca, vaktiyle kesilmiş olan pipisinin ucu da mutlaka onunla birlikte uçmuş olmalı, diyorlardı...

Bir bölüm papaz da bu görüşe karşı çıkıyor,

— İsa'nın pipisinin ucu kesildikten sonra onun vücudundan ayrılmış oldu. O nedenle İsa göğe uçunca pipisinin ucu uçmadı, yerde kaldı, diyorlardı.

Ve iddialarını kanıtlamak için de Kudüs'te İsa'nın pipisinin ucunu arıyorlardı. Sonunda pipinin ucunu bulduklarını söyleyerek, tartışmadan galip çıktılar.

Ama pipinin ucu bulununcaya kadar, tartışmalar dört yüz yılı aşkın bir zaman sürüp durdu...

İsa'nın kesilmiş saçlarıyla tırnaklarının, kendisiyle uçup uçmadığı konusu da yine bitmez tükenmez polemiklere neden oldu...

Sonunda İsa'nın tüm yaşamında saçlarını hiç kestirmemiş olduğu saptanarak, saç tartışması kapandı. Tırnak tartışması da bir kıyıya itildi...

* * *

İsa'nın çarmıhtaki duruşunu yapan ressamların tabloları da zaman zaman büyük eleştirilere uğradı.

Bu ressamlar İsa'yı çarmıhta elleriyle ayaklarından çivilenmiş olarak gösteriyorlardı. Bir insan vücudunu ise avuçların içine çakılmış iki çiviyle, üstüste getirilmiş iki ayağın, ikisine birden çakılan tek çivinin tutabilme olanağı yoktu... Bazı ressamların tablolarına göre, çarmıhta üç çiviyle duran İsa'nın, elleriyle ayakları yırtılarak, aşağı doğru kayması gerekiyordu. Oysa İsa, çarmıhtan aşağıya hiçbir zaman kaymamıştı.

Çünkü Romalılar insanları çarmıha gererlerken, bir insan vücudunu üç çivinin tutamayacağını bildiklerinden, çarmıhın apış arasına gelecek yerine bir de kalın bir takoz yaparlardı. İsa'yı çarmıhta ucu apış arasından gözüken koca bir takozla çizmek, ressamlara estetik gelmediği için, birçoğu takozu unutmuş görünmüştü... Bazı ressamlar ise, daha gerçekçi davranarak çarmıhın takozunu da yapmışlardı....

* * *

Bin yıl önce İslâm âlemindeki tartışmaların niteliği de daha değişik değildi.

Bir Müslüman, bir Hıristiyan'a ok atar da, ok yarı yoldayken Hıristiyan Kelime-i Şahadet getirerek Müslüman oluverirse, oku atmış olan Müslüman katil sayılır mı, sayılmaz mı?

Ramazan günü Müslüman olmuş bir Hıristiyan, o günün orucunu tutmak zorunda mıdır, değil midir?

Çölde çırılçıplak kalmış bir Müslüman, eline avuç içi kadar bir çaput geçirirse, önce önünü mü kapamalı, yoksa arkasını mı?

Ramazan'da, bir Müslüman'ın helaliyle seviştiği sırada imsak olursa, her iki Müslüman için de o günün orucu geçerli sayılır mı, sayılmaz mı?

Bunlara benzer daha bir yığın tartışma konusu, yüzlerce yıl medreselerde, binlerce insanın kafa patlatmasına neden oldu.

"Elif" "Lam" "Mim" "Elif" "Lam" "Ra", "Ya" "Sin" gibi konular ise, günümüzde dahi önemini sürdürmektedir.

* * *

Bin yıl sonra da bugünkü bazı, çok keskin coşkulu tartışmalar, o günün insanlarına bir hayli garip görünecek...

İnsanlar, genellikle neyi neden tartıştığını bilmeden, aklını taktırıverir bir tartışmaya... Ve farkına varmadan bir çeşit hipnozla bir saplantının tutsağı olmaya başlar. Tartışma ise bu tür tutsaklıkları daha da koyulaştırmak için değil, bu tür tutsaklıklardan arınarak, "düşünce"nin bağnazlıklardan kurtulması için yararlıdır.

Bu tür özgür aranışlarla yaklaşımlara, donmuş kalıpların hiçbir yaratıcılık endişesi taşımayan rahatlığını yeğledikleri için tedirginlikle bakanlar, dört yüz yılı aşkın bir zamanı İsa'nın pipi ucunu tartışa tartışa geçirmiş ortaçağ teologlarını hiç unutmamalıdırlar.

Düşünmek, donmuşlukla donmuşluğun kendi içindeki yozlaşması demek olan safsatadan kurtulduğu kadar düşünmek sayılır...

Ne yapmalı ki, düşünmeyi gereksiz gören bir inanç, geçmişlerden bizlere bir de ilginç bir tekerlemeyi miras bırakmıştır:

— Düşün, düşün boktur işin...

Sanki düşünmeyince işler daha az öyle olurmuş gibi...

15.11.1981

FAL

İnsanlar en çok neyi merak ederler. Çok düşünmeye gerek yok, hiç kuşkusuz geleceklerini... Onun için de falcılık da eski Mısır uygarlığından bu yana hâlâ önemini korumaktadır.

Gerçekten geleceği öngörme olanağı var mıdır?

Bazen vardır: Boyu bir buçuk metreyi geçmeyen birinin baskette başarılı olamayacağını herkes öngörebilir.

Şayet böyle biri baskette başarılı olursa, bu olağanüstü bir olay sayılır ve TV kameralarıyla gazete objektifleri, boyu ortadan da kısa olan mucize basketçiyi, dünya ünlülerinin ışıktan tahtlarından birine oturtuverirler.

İnsanlığın ortak falcılığını yanıltanlar, yani herkesin "olmaz" dediğini "olur" yapanlar, sırtlarına giydikleri "unutulmazlık" hırkasını, kan-ter içinde kendileri örmüş olanlardır.

* * *

Tüm dünyayı şaşırtmak mı istiyorsunuz, aralarında bin metre uzaklık bulunan iki bin beş yüz metre yüksekliğindeki iki dağ tepesi arasına bir tel gerip, üstünde ip cambazı gibi yürüyüverin... Hiç değilse bir hafta boyunca, dünya yayın organlarında Sayın Reagan ile Sayın Brejnev'in fotoğrafları, sizinkilere kıyasla vesikalık kalacaktır.

Düztaban olduğundan doğru dürüst koşamayacağı için, askere dahi alınmamış olan talihsiz Hurşit ise sizinle sadece "vatandaş" sıfatını taşımakta eşit olacaktır, fiziksel gösteriler tarihinde rekor kırmakta değil... Vatandaş olma eşitliği, kutsal bir eşitliktir ama yaşamdaki ne çabalar bölümünü tam kapsar, ne de sonuçlar bölümünü...

* * *

Bir de herkesin olmasını olağan bulduğunu ters çıkartanlar vardır. İki metre boyundaki bir basketçinin on santim bile sıçrıyamaması gibi... Onlar da ortak bir öngörüyü yanıltırlar, ancak karşılığında onların sırtlarına "unutulmazlık" hırkasının üstüne "yuha" yazılmış olanı giydirilir...
Tarihte,
— Sırtıma "unutulmazlık" hırkasını geçirsinler de, varsın üstüne "yuha" yazsın, diyenler de olmuştur.
Yeryüzündeki yedi harikadan biri sayılan Efes'teki Artemis tapınağını, Büyük İskender'in doğduğu gece yakıp kül eden Erostrates böyle düşünmüştü. Ondan yüzlerce yıl sonra bir başkası da aynı yöntemle tarihin belleğine bağdaş kurmak için kalkmış Zemzem kuyusuna işemişti...
İnsanlık sadece Lincoln'ler yetiştirmez, Alcapon'lar da yetiştirir.

* * *

Matematikteki eksi sonsuzla artı sonsuzun tarihe de vuran izdüşümünde, bir toplum için en sakıncalı nokta neresidir biliyor musunuz, sıfıra yapışıp kalmak... Sıfıra yapışanlar, eksiye dönük olumsuzlar çıkartmaktan korktukları ölçüde, artıya dönük değerleri de dibinden budar ve toplumsal diyalektiği hiçliğin teneşir tahtasına mıhlarlar.

Isırgan otu çıkmasın diye hiç sulanmayan bir bahçede gül de yetişmez.

Bu da kendine göre bir falcılıktır ama toplum bilimin laboratuvarından geçmiş bir falcılıktır. Erostrates gibi bir psikopat olmasa, Büyük İskender gibi bir deha da olmazdı diyen bir falcılıktır. Bu tür uçlara, yaratıklar arasında rastlanmaz. İnsanlarda rastlanır, hatta bazen bir tek insanda bile rastlanır.

Figaro'nun yaratıcısı büyük bir tiyatro yazarı olmasa, dolandırıcılık anıtına model olurdu.

* * *

Geleceği öngörme olanağı var mıdır? Yüzdeyüz vardır denemez ama tümden de yoktur denemez.

Sabahtan akşama aynanın karşısından ayrılmayan bir genç kız, ister istemez bir âşık bulacaktır kendine...

Beyinsel kişiliğe önem vermemiş bir kadın, yaş döneminde daha büyük bunalımlar çekecek, bir erkek ise birçok çevrede durmadan kendini eksik hissedecektir.

Nüktesi azıcık gizli bir fıkrayı algılayamayan biri, düzayak dostlukların dışına çıkamayacak, günlük kurnazlıklarla başarı asansörüne bindiğini sanan bir başkası, beklemediği bir yerde asansörün içinde kapalı kalacaktır.

Frenleri bozuk araba kaza yapacaktır.

İktisadın temel kurallarıyla çağdaki değişim ve gelişimleri değerlendiremeyen biri, sömürü olasılığından korktuğu için ileri teknolojilerle işbirliği yapmaya karşı çıkarsa, sömürü sakıncasından daha beter bir sakıncayla karşılaşacak, ileri teknolojilerin sağladığı çağdaş kolaylıklardan da yararlanamayacaktır.

Kazık yemekten çekindiği için yeni giysi alamayan biri, paçavralar içinde dolaşırken de kazığın daha da büyüğünü yemiş sayılabilir.

Olanakları olduğu halde elektrik harcanmasın diye gece karanlıkta oturmayı yeğleyenler, ışıklı gecelerde yaşamaktan da yoksun kalırlar. İkincinin faturası birincisinden ola ki daha da ağırdır.

* * *

Geleceği öngörme...
Bilinmezi bilinir duruma getirme... İnsanlıktaki tüm aranışların zaten nedeni budur.

Bu aranışların esintisindeki öngörüleri, üç beş sloganın kuyruğuna kelepçeledin mi, olacaklar yine olur ama onları karşılamak için gerekli birikimler yapılamadan olur. Ve bu yüzden insanlığın ortak kültür hazinesine ne olumlusu ne olumsuzuyla bir türlü zengin bir "unutulmazlar" listesi armağan edemezsin.

Toplumlar ortak falcılıklarıyla bunları süprizlere uğratanların kozmik cümbüşlerinde ne kadar kanat çırpıyorlarsa, geleceklere de ancak o kadar egemen olabilirler.

2.8.1982

NE ESKİ MISIR'I MERAK ETTİK, NE ÇİN'LE MOĞOL'U...

Biz gençliğimizde neleri hiç düşünmedik ve bunun doğal sonucu olarak da neleri hiç araştırıp konuşmadık sorusu, bazen çengel çengel takılıyor kafama.

Bizde kendiliğinden oluşan bu eksikliğin hangi nasırlaşmadan kökenlendiğine, yan gözle de olsa şöyle azıcık eğilip bir bakmak gerektiğine gün günden daha çok inanıyorum.

Biz gençliğimizde, Mısır'ın üç yüz yıl boyunca egemenliğimizde kalmış olmasına karşın, eski Mısır uygarlığına ait kalıntıları toplamaya meraklı üç koleksiyoncunun dahi neden çıkmamış olduğunu hiç düşünmedik.

Bunu düşünmüş olsak, eski uygarlıklarla ilişki kurma ve dolayısıyla insanlığın gelişme ve yaratma süreciyle alışverişe geçme konusundaki tarihsel ıskalamayı da kolayca saptayabilecektik.

Üç yüz yıllık bir egemenlikte, böyle bir ıskalamayı temeldeki hangi tümörün doğurduğunu açık seçik ortaya çıkarmadıkça, Tanzimat merdiveniyle çağdaşlaşmaya tırmanmaya kalkmanın da saf bir özenme ötesinde bir anlam taşıyamayacağını daha kestirmeden kavrayacaktık.

Eski uygarlıklarla köprü kurma merakını duymadan, yeni uygarlıklara merdiven kurmaya kalkmaktaki yüzeyselliği de, daha keskinliğine görecektik.

* * *

Ne yazık ki bizim kuşak da gençliğinde, eski Mısır uygarlığıyla ilgili hiçbir koleksiyoncunun çıkmamış olmasındaki anormaliği sezemedi. Sezemedi, çünkü bizler için de, "toplumsal meraksızlık" göze batıcı bir sivrilik taşımıyordu. Eski Mısır uygarlığından da, eski İskenderiye uygarlığından da Osmanlı kültürüne hiçbir sızma olmayışını olağan karşılıyor ve nedenlerini kurcalamaya gerek duymuyorduk. Böyle bir boşluğu kapatmanın önce "merak faktörünü" canlandırmaktan geçtiğini ise, hep gündem dışı bırakıyorduk.

* * *

Bizde neden "merak" dallanıp budaklanıp serpilememişti?

Bu sorunun yanıtı, bugün de tam verilmemiştir. Mistik koşullanmalar, merak kabızlığını açıklamaya yeterli bir gerekçe değildir. "Merak" her türlü koşullanmayı yırtma dinamiğini de içinde taşır, eğer koşullanmalarla kilitlenmesini kıramıyorsa, beyinsel bir enerji yetersizliği de söz konusu olabilir ve bu sorun beslenme bozukluklarına kadar uzanabilir.

* * *

Gençliğimizde hiç düşünmediğimiz başka bir konu, neden Moğolistan'la Çin'e hiçbir araştırıcı göndermemiş olmamızdı. Bizi çok yakından ilgilendiren bazı kültür olaylarının birtakım önemli anahtarları hiç kuşkusuz oralarda duruyordu.

Han sülalesinden geldiklerine inanan ve kendilerini uygar sayan Çinlilerin bir iddiası vardı. Onlar Tibet'le Mongol göçebelerini, tükettikleri tahılla pirince göre ikiye ayırıyorlardı. Yerleşik düzene geçip tahıl tüketimini geliştirmiş olanlar, uygarlaşmaya yatkın olan "pişmiş"lerdi. Ormanlarla otlakları yakarak, kendilerine henüz tarım alanları açmaya çalışanlarla sadece hayvancılıktan geçinmeye uğraşanlar ise, henüz o düzeye ulaşamamış olan "çiğ"lerdi. Ve yüzyıllar boyu "çiğ"leri, "pişmiş" duruma getirip, kendi içlerinde eritme politikası izlemişlerdi. Bugün dahi Çin nüfusunun yüzde altısını oluşturduğu halde, Çin topraklarının yüzde altmışında dolaşan elli beş değişik azınlık grubuna, aynı politikayı uygulamaya çalışmaktadırlar.

* * *

Osmanlıca ile Türkçe arasındaki dil çatlamasının Türkçeyi birikimsiz bırakması engelleri yanında, "meraksızlık" faktörünün özüne inmek ve eski uygarlıklara karşı şaşırtıcı ilgisizliğin nedenlerini Moğol ve Çin dünyasını da kapsayan bir araştırıcı içine almak, iki yüz yıldır süren çağdaşlaşma özlemlerine çok yeni ufuklar açabilir.

Yazık ki, bizler gençliğimizde çağdaşlaşmanın aynı zamanda dokusal yapıdaki düğmükleri de ortaya çıkarmak demek olduğunu bilinçli bir biçimde cımbızlayamadık.

Ne üç yüz yıllık egemenliğe karşın eski Mısır uygarlığıyla hiçbir ilişki kurulmamış olmasının nedenleri üstüne gidebildik, ne Batılılaşma çabalarına paralel olarak Moğol ve Çin kültürlerinin yeniden gözden geçirilmesi gerektiği üstünde durabildik.

Batı'daki endüstri aşamasının getirdiği analizlerden, bizim toplumumuzun da yararlanması gerektiğini belirtmeye çalıştık ama, onun daha ötesindeki araştırı boşluklarını ön plana çıkaramadık. Tarihsel gelişimlerle tıkanıklıkları ve kocaman harfli "toplumsal meraksızlığın" kökenlerini güncelleştiremedik...

Bunların yeniden ele alınması, kendi kendimizi tanımakta, çok şeyler öğretecektir hepimize...

4.1.1984

KÖY İMAMLARINA ARABA ARMAĞANI

Sigara içerken ağızlık kullanmaya karşı mısınız? Bunu siyasal bir sorun durumuna getirmek istiyorsanız hemen şöyle deyiniz:

— Toplum henüz sigarayı ağızlıkla içmeye hazır değildir.

Kimse de kalkıp sormaz size,

— Bre tosunum nereden biliyorsun, diye...

Bir çekecek atölyesi açtınız ve herkesin ayakkabısını çekecekle giymesini istiyorsunuz. O zaman da bol keseden avaz avaz nutuk çekebilirsiniz:

— Bu toplum, ayakkabısını çekecekle giymek istiyor, diye...

* * *

Diyelim flörte karşısınız.

Kapalı bir çevrede yetiştiğiniz için, gençliğinizde bu tür arkadaşlıkların tadını çıkaramadığınızdan ötürü, genç kuşakların daha doğal, daha neşeli yetişmelerini hazmedemiyor ve onların mutluluğunu gördükçe, ziyan zebil olmuş yıllarınızı anımsayıp kendinizi kazık yemiş gibi hissediyorsunuz. Şöyle bir gerinin ve fetvayı gümbürdetin:

— Flört bu toplumun geleneklerine karşıdır.

Yine hiç kimse size,

— Sana ne yahu, sen toplum geleneklerinin gümrükçü başı mısın, diye sormayacaktır...

Sormayacaktır, çünkü padişaha, yahut devlete, yahut topluma sahip çıkar görünerek, kendi koşullanmana denk düşeni savunmak ve işkembei kübradan bir yığın safsata yumurtlamak, altı yüzyıllık bir geçim kapısının anahtarı olmuştur.

Böylece üretim dışı bir geçimle yaşayanlar oluşturup durmuşlardır karar merkezlerini... Toplum dinamiğinin kilitlenip kalmasının belki de en büyük nedenlerinden biridir bu...

* * *

Yarım okumuşların üretim mekanizması içinde yar alamayışları, onları siyasetten geçinmeye itip durmuştur ve hâlâ da itip durmaktadır...

Yarım okumuş, topluma neyin uyup neyin uymayacağını en kestiremeyecek kişi olduğu halde, toplum sözcülüğüne en meraklı kişidir.

En meraklı kişidir ama bilinenin dışında hiçbir yeni düşünce de üretememektedir.

Örneğin nüfusunun elinde en çok altın stoku bulunan üç ülkeden biriyiz. Bu altınların yaşam düzeyine yansımasıyla, kırsal yerleşim bölgelerindeki mezbele görüntüsü yarı yarıya Avusturya köylerinin görünümüne bürünebilir...

III. Mehmet döneminde, enflasyonu maskelemek için, kazanılan İran savaşı böbürlenmesiyle hiç neden yokken Nemçe'ye savaş ilan eden ve on beş yıl süreyle insan kırımına yol açan Koca Sinan Paşa'nın elbette ki köy kalkınması diye bir derdi yoktu...

Lise mezunları ise köy imamının yanına köy öğretmeni

koymakla köylerin kalkınabileceğini sanmışlardır. Aya gitmek için aya şiir yazmanın yeterli olduğunu sanmak ölçüsünde aldanmışlardır.

* * *

Kimse, köyün ancak köydeki tüketimin artmasıyla değişebileceğini düşünmek dahi istememiştir. Kimse, köylünün de gelişmiş bir tüketici olmasına rıza göstermemiştir. Köylü üretecek, kentli tüketecek ve köye gönderilen eli kolu bağlı bir öğretmen de köyü kalkındırmaya yetecektir... Bu hesap tutmamıştır.

Bugün artık köylülüğün bitmekte olduğundan söz ediliyorsa, bu değişim, köy öğretmenlerinden çok, kentlerdeki rant bölüşümünün denetim tanımamasından olmuştur... Köylerin yarısı kentlerdeki gecekondulara doluşmuştur...

Şimdi yavaş yavaş banka şubeleri uzanmaya başlayacaktır köylere... Beş yüz bin liralık altın karşılığında, altınları bozdurmadan ayda yirmi bin lira kazanç sağlanabileceği ortaya çıkacaktır...

Bir de köy imamlarına birer araba armağan etme modası başladı mı, köyün çamurlu bir kerpiç mezbelesi olan görüntüsünde de bir yenilenme başlar kıpırdamaya...

Üretim dışında kaldıkları için toplum sözcülüğüne el koyarak geçinme yolu arayan yarım okumuşların üstesinden gelebileceği bir düğüm değildir, bozkır kökenli Müslüman köyü kalkınması... Hele köylüye sadece üretim görevi verilmiş ve tüketim dışında kalması canı gönülden yeğlenmişse... O da bu işlevi kadınları tarlaya sürüp yürütmeye alışmışsa...

* * *

En büyük aşama köy bakkallarında köy kadınları için hijyenik pamukların satılmaya başlamasıyla olacak... Her ne kadar toplum sözcüsü adayları,

— Toplum henüz hijyenik pamuk kullanmaya alışık değil, diye bağırsalar da...

Hijyenik pamuk, ince iç çamaşırı, imam otomobili ve köy öğretmeni villasıyla köy tüketimi yükselmeye başladı mı, dolaşıma girmeye başlayacak olan altınlar, ulusal geliri adam başına yılda üç bin dolara doğru zıplatıverir...

Tüketim artmadan üretim artmaz... Hele nüfusun elindeki altın, üç-dört devletin elindekinden bile daha fazlaysa...

Yarım okumuş, tüketimi sadece kendi tekelinde tutma derdinde olduğundan, üretimle de hiçbir ilişkisi bulunmadığından, tüketimdeki eşitlenmeden ürkerek bağıracaktır:

— Olmaz öyle şey...

Zaten onun "olur" dediği hiçbir şey görülmemiştir.

Ve asıl üzülecek nokta, kimse de sormamıştır,

— Neden olmaz, diye...

Köylü insan değil mi, canı istiyorsa neden şampanya içmesin, hele altını da varsa...

24.1.1985

PİYANO
"DONSUZLUK SORUNU"NDAN ÖNCE GELİR

Müthiş bir şey oldu yahu, müthiş bir şey... Türkiye'de piyano ithalinin yasağı kaldırıldı... Yoksa piyano ithalinin yasak olduğunu bilmiyor muydunuz? Doğaldır, bilmeyebilirsiniz. Demokrasi, özgürlük, ilericilik, gericilik, anayasa, Atatürk, çağdaşlık, uygarlık çıngıraklarının durmadan çalındığı politika arenasının az ötesinde, ıssız ve sessiz "seviye" bahçelerindeki boşluk, şark didişmelerinin gündemi dışına düşmüştü. Hem piyano yapımından, hem de piyano alımından yoksun olan, Latin alfabeli tek Arz ülkesi bizdik...

Piyano ithalinin yasağından habersiz bir yığın hışımlı halk sevdalısının, yaşamlarını gökyüzüne füzeliyoruz diye, hangi bilgisizliklerin ejderli mağaralarına fırlatmaya yöneldiklerini gördükçe, yüreğimin acısından beynim, beynimin acısından yüreğim terlemiş gibi olurdu:

— Piyanosuzluğun tarihsel kör çukurunu algılama düzeyine gelmemiş bir ilericilik, asansörün kablosunu bağlayacağı çıkrığı sonsuza dek bulamaz diye düşünürdüm.

* * *

İlericiliğin gericilikten farkı "Anti-yaşama" karşı "gelişmiş yaşamı" savunmasıdır.

"Gelişmiş yaşam" ise "Üretenin tüketme hakkını" savunmayla başlar, ileri teknolojinin önünü açma çabasıyla devam eder ve "insan, üretip tüketmek için değil, yaratıp tüketmek içindir" diyerek, ilk etabın noktasını koyar...

Çok zor değildir bu kurbu anlamak.

Diyelim sabun üreten insanlar var... Az ücret aldıkları için, çok tüketemiyorlar. Onların daha çok tüketme hakkını savunmak, insanın bir boyun borcudur.

Bu yetmez...

İnsan, sabun üretmek için gelmemiştir dünyaya.

Teknolojinin önünü açmak ve sabun üretecek makineleri yapmak da insanın boynunun borcudur...

Sabunu makineler üretecektir.

İnsanlar ise piyanoda yeni ezgiler yaratacaklar ve makinelerin ürettiği sabunlarla da yıkanacaklardır...

* * *

"Milletin kıçında don yokken kim düşünür piyanoyu" demek, sorunu hiç mi hiç anlamamış olmak demektir.

Piyano olmayacaksa, don hiçbir zaman olmayacaktır.

Yaratıkların donsuz olmasının nedeni, piyanosuz olmalarındandır.

Kazara bir sıpa yahut bir katır, piyano çalmasını başarsa; sade donu değil, frağı da olurdu, kaftanı da...

* * *

Piyanonun ithal yasağı kaldırılmış. Bu, muazzam bir aşamadır.

Bu yasağın kalkma tarihini kutsallaştırmak için, Sarayburnu'nda Nefi'nin boğulduğu saray odunlukları köşesine elli metre boyunda piyano çalan bir Nefî anıtı yapmak gerekir.

Sonra İstanbul Hukuk Fakültesi'nin önüne, o fakülteyi ilk kuran II. Teodos'un piyano çalarken bir anıtını yapmak gerekir.

Sonra Galata Köprüsü'nün ilk planlarını çizmiş olan Leonardo'nun da piyano çalarken bir anıtını yapmak gerekir...

Piyanonun ithal yasağının kaldırılması böyle kutlanmalıdır.

* * *

Bir piyano iki video parasınaymış.

Böyle bir olanağı bulunanlar, çocukları için hemen birer piyano almalıdırlar evlerine...

Bir milyon ailede piyano varsa, lahmacun içinde eşek ölüsü yemek azalır; biiir. Aşklar, nişanlar, evlilikler daha tatlılaşır; ikiii. Konuşmalar çeşitlenir; üüüç. Ayak ve helâ kokularında hafifleşme başlar; dööört. Trafik kargaşası düzelmeye yönelir; beeeş.

Haydi canım olur mu öyle şey?

Haydi canım maydi canım, piyanonun tılsımını algılayamıyoruz da, ondan garip geliyor bize böyle bir düşünce...

* * *

Aslında garip olan, elli metre boyunda piyano çalan bir Nefî anıtı yapmak değil, bıyıklı adamların, sabahtan akşama başbaşa oturduğu yetmiş bin erkek erkeğe kahvesidir...

Yamukluk da zaten bundan doğuyor...

Sultan Aziz'e kadar hiçbir padişahın gemiye binmemişliği bize garip gelmiyor. Düğünlü dernekli evlenmemişliği de garip gelmiyor. Hele klavsen çalmamışlığı ve dans etmemişliği, hiç garip gelmiyor...

İlericilik deyince de, ancak bizde rastlanacak bir tepetaklak zurna çalma şaşırtmacasıyla, işi herkesin soğan yiyip şalvar giymesine kadar götürenler çıkıyor...

Bütün bunlar temelde, piyano bilmezlikten oluyor.

* * *

Şimdi piyanolar gelmeye başladı. Beş yıla kadar bir milyon ailenin piyanosu olur...

"Anti-yaşama" karşı, gerçek bir ilericilik de, biraz daha yol almış olur.

Bizim toplum, böyle bir ilericiliğe layıktır. Layık olmasa, sevdiği ses sanatçılarının prensler ve prensesler gibi yaşaması gerektiğini, önce o anlamazdı. Yarım okumuşlar ise bunu hiçbir zaman kavrayamayacaklar. Eskiden sadece padişah ihya ederdi. Şimdi halk da ediyor. Kişi, bu değişimden duyduğu mutluluk kadar ilericidir.

23.4.1984

OKÇULUK ATA SPORU DEĞİL Mİ?

Belleğimdeki en eski izler Edirne'ye aittir. Babam Edirne Vilayeti Umuru Hukukiye Müdürlüğü'ne atandığı vakit, iki buçuk yaşındaymışım. Dış dünyadan benliğimin anılar albümüne yapışıp kalmış ilk fotoğraflar, Saraçhanebaşı'ndaki Mehmet Ağa'nın kahvesi, Atatürk anıtlı belediye bahçesi, Tunca'yla Meriç'in üstündeki köprüler, Karaağaç, Sarayiçi ve çift merdivenle çıkılan beyaz evimizin kapısında, kapıyı çalmak için kullanılan, el biçimindeki siyah tokmaktır...

Kardeşim doğduktan sonra gönderildiğim ana okulundaki ilk öksüzlüğümle, "İstiklâl Mektebi"nin birinci sınıfına nasıl başladığımı da anımsıyorum. Numaram 115'ti. O günlerden kalma yazı defterim hâlâ duruyor kitaplarımın arasında. Üstündeki mavi kaplama kâğıdı ile kıyıları kırmızı çizgili beyaz etiketi, bir hayli solmuş. Ama etiketteki, rakamları sağa sola kaykık numaram, bir kazaya uğramazsa, torunların da torunlarına kalacak bir tazelikte...

* * *

Edirne Gümrük Müdürü Cemal Bey, babamın gençlik arkadaşıydı. Yıllar sonra İstanbul'daki yatılı okuldan hafta sonlarında kime çıkacağım bir türlü kestirilemeyince, Cemal Beyler akla gelmişti. Cemal Bey'in eşi, eski bir İstanbul ailesinin kızıydı. Anadoluhisarı'nda dededen kalma eski bir köşkleri vardı. Her cumartesi, alçak burunlu Boğaz vapurlarından birine binip, kış denizinin mezar taşı yalnızlığında oraya gider, biraz ders çalışır, ertesi gün de bekârlar sınıfına geri dönerdim.

Okuldan çıkarken saçlarına, kravatlarına, pantolonlarının ütülerine dikkat etmeye başlamış arkadaşlarımdan bir bölümü, kızlı erkekli çay partilerinde, nasıl oturulup kalkılacağını, nasıl dans edileceğini çoktan öğrenmişlerdi. Onların aileleri, bizim dünyamızın yan gözle bakıp, biraz hafif meşrep bulduğu bir "asrilik"teydi... Biz ise her türlü mutluluk neşesini, yersiz, densiz, gereksiz, yoz, züppe, günah bulan ve çektiği çilelerle övünen bir kahırlar bahçesinin, yağmursuz fidanıydık. Hele okullar bir bitsin, ondan sonra eğlenecektik.

Yaşama kıvancının, ertelendiği ölçüde cılızlaşan bir yaşam suyu olduğunu kimsenin bildiği yoktu... Yaşamasını değil, türbe böceği olmasını öğretiyorlardı bize... Bir gence gençliğini unutturmaya kalkmak, insanoğluna atılabilecek kazıkların en büyüğüdür. Suratlarımızın asıklığı, yüzyıllar boyu hep bu zokayı yediğimiz içindir...

* * *

Haftada bir evine çıktığım Cemal Bey, eski bir güreşçiydi. Kendisi bu konuya hiç dokunmaz, ama namlı güreşçileri tanıyanlar, Gümrükçü Cemal'in yaman pehlivan olduğunu söylerlerdi.

Kimse yadırgamazdı Cemal Bey'in vakti zamanında güreşmiş olmasını. Böyle bir merak herkese doğal gelirdi... Güreş her kuşağın ilgilendiği geleneksel bir sportu.

Güreş, geleneksel bir sportu da, okçuluk yahut kılıç oyunu geleneksel bir spor değil miydi?

O yaşlarda Cemal Amca'ya,

— Neden güreşle uğraştınız da, okçuluk yahut eskrimle uğraşmadınız, diye bir soru sormak hiç aklıma gelmemişti?

Gelmemişti, çünkü böyle bir soru kimsenin aklına gelemezdi. Çünkü hepimiz aynı toplumsal koşullanmanın içindeydik. Çünkü koşulanmalarımızın sınırını geçecek beyinsel bir özerklikten yoksunduk. Şark monarşisi, alışılmışın dışını yok saymıştı. Hepimize de bu gizli tutsaklık şırınga edilmişti.

* * *

Cemal Bey'in güreş tutması olağandı, ama sırıkla yüksek atlaması olağan değildi; boğa güreşçisi yahut trapezci olması da olağan değildi; zeplin pilotu olması da olağan değildi; kutuplara gitmiş olması da olağan değildi; laterna çalması da olağan değildi. Zeytinyağlı patlıcan dolması yapması olağandı; tavla oynaması olağandı; evde entari giymesi olağandı; kanun taksimi sevmesi olağandı; kurban kesmesi olağandı. Harp çalması olağan değildi, vermut sevmesi olağan değildi, arya söylemesi olağan değildi; optik mühendisi olması olağan değildi.

Her toplum, kendi kültürünün ortak tavrını olağan sayar. Ama bu tavrı tek yaşam tavrı olarak kilitleyip, gerisini iptal etmeye kalkmaz; hele yaşam kıvancının kendi ortak koşullanması dışında kaldığını sezmeye başlamışsa...

Yetmiş bin erkek erkeğe kahvesi mi var, yetmiş bin de kadın kadına kahvesi açılmalı... Köyler arasında sade güreş değil, okçulukla eskrim turnuvaları da düzenlenmeli... Köy kadınlarına yeni köylü giysilerini tanıtan defileler sunulmalı; bu defilelerde de, manken olarak köylü kızlarıyla köylü kadınları kullanılmalı...

Yok hayır olamaz...

Hele okullar bitsin, kızlı erkekli çay toplantısı sonra...

Cemal Bey pehlivan olabilir, kaplan avcısı olamaz, hele Büyük Okyanus'ta yelken yarışçısı hiç olamaz...

Köylüler de buz pateni yapamaz ve videolarda porno film seyredemez...

Öyle sananlar öyle sansınlar...

4.3.1984

SÜNNET BULÛĞDAN SONRAYA BIRAKILAMAZ MI?

Dikkatlerin yavaş yavaş sakatlı sünnetler konusuna dönmesiyle birlikte, yeni sünnet faciaları da gazetelerin birinci sayfalarını kaplamaya başladı.

Pazar günkü Güneş gazetesinde, İzmir'in Yeşilyurt semtinde, on üç yaşındaki bir ortaokul çocuğunun sünnet sırasında nasıl hadım edildiğine dair ayrıntılı haberler vardı.

Doktorların belirttiğine göre, her gün dört beş tane sakatlı sünnet olayı geliyordu hastanelere. Ve kabataslak yapılan hesaplara bakılırsa, her yıl sünnet olan beş yüz bin çocuktan on bini sakatlığa uğruyordu.

Bu oran bugün bu kadarsa, acaba geçen yüzyılda ne kadardı, acaba daha önceki ve daha önceki yüzyıllarda ne kadardı?

Şark dünyasında bu tür istatistikler, lirik bir efsane edebiyatı övünmesinin daima gerisinde bırakılmıştır.

O övünmelere, bir de mantıksal ve bilimsel gözlükle hiç bakılmamış, bir erkek çocuğunun buluğ arefesinde en kaba şakalara hedef olarak, üretim organıyla ilgili bir operasyondan geçirilmesinin kendisinin ruhsal yapısında yaratacağı şoklarla, bunun bin yıllık bir sürede topluma nasıl bir izdüşümüyle yansıyacağı hiç araştırılmamıştır.

* * *

Toplumun yarısını reddederek "erkek ulus" olmakla

övünmenin; ille de dışa dönük bir erkeklik alameti farikası olarak, bebek patiği kadar bıyıklar bırakmanın; her fırsatta kadınları ezip horlamanın ve erkek erkeğe kahvelerinde kadınsız yaşamayı yeğlemenin psiko-sosyal derinliklerinde; buluğ arefesinde erkeklik organıyla ilgili bir operasyon şokunun ve oranı bilinmeyen sakatlı sünnetlerin hiç mi gölgesi yoktur?

Türkülerdeki vıcık vıcık ağlamalı mazoşizm; sevinçten öfkeye, her türlü duygu taşmasını anlatırken, bol bol sergilenen cinsel sadizm ve bitmez tükenmez bir gebertme edebiyatı, yüzlerce yılın içinde kangal kangal tokaçlaşmış hangi bunalımların fışkırmasıdır?

Ve neden bu konularda hiçbir araştırı, hiçbir inceleme yoktur. Kendi kendine övünüp durmakla vakit geçirip, kendi gerçeklerine daha yakından bakma yürekliliğini gösterememenin, bir topluma nelere malolacağı, neden su yüzüne bir türlü çıkarılamamıştır ki?

* * *

Toplumu kendi tortularından durmadan arıtmak için, iç içe sayısız süzgüçlerle elekler kullanan sanat, düşünce ve bilim; psiko-sosyal konuların köklerine inmek konusunda, taş kesilmişçesine, iki elli iki yanına sarkık duruyor. Ne sünnet şokunun, ne sakatlı sünnetlerin, ne adamakıllı yaygın olan bağırsak parazitlerinin, ne de otopsi geleneğinden yoksunluğun; hangi karanlıkları ördüğünü kurcalamıyor. Dört sloganlık bir düzen eleştirisiyle, böylesine değişik boyutlu bir toplum olayının, girdisini çıktısını doğru dürüst anlayıp yakalama olanağı da elbette hemen bulunamıyor. Ne artık değer teorisi, ne de istem-sunu yasası, bulûğ arefesinde üretim organları üstündeki operasyon şoklarıyla, kadın-erkek ilişkilerindeki dengeleri bozan sakatlıkların ruhsal çalkantılarını yakalamak için ortaya atıldı.

Hiçbir ekonomik doktrin de Hintlilerin daha çok hayvansal kökenli protein almaları için, inekleri değerlendirmelerini de sağlamaya yetmiyor.

* * *

Bugün Türkiye, şimdiye dek el değmemiş konuları, kamuoyu önünde gündeme getirecek bir gelişmenin içinde. Bol şişinmeli ve bol övünmeli lirik efsane edebiyatının yerini bilimsellikle matematik almaya başlıyor. Boş sözler dönemi miyadını dolduruyor.

Bu yüzden sünnet geleneğini de aklın gereği içine çekmekte yarar var. Bu operasyonun bulûğ arefesinde, hiçbir uzmanlığı saptanmamış kişilerce yapılması yerine, erkek çocukların on sekiz yaşına bastıktan sonra, kendi özgür iradeleriyle hastanelere giderek sünnet olmaları, çok daha sağlıklı, çok daha uygarca. O zaman ne ruhsal şoklar olur, ne de sakıncalı sünnetler.

Gerçi kırsal kesim kolayından gelenek değiştirmez ama, kent kesimi, küçücük çocukları böyle bir korku cinnetinden kurtarabilir ve sünnet olmalarını erginleştikten sonra kendi özgür iradelerine bırakabilir.

Bunun getireceği rahatlama, toplum dokusunda da çok hızlı gösterecektir kendini.

Gelenek gelenektir ama, getirdiği sakıncalar karşısında, sağlıklı bir mantık da yabana atılamaz.

BEYİNSELLİK DİNAMOSU: "SATRANÇ"

Size çok değişik bir gözlemden söz edeceğim. Toplumların tarih sahnesinde ağırlık kazanmaya başladığı dönemlerde ne oluyor biliyor musunuz? Satranç oyununda yıldızlar fırlamaya başlıyor...

Örneğin on altıncı yüzyıldan geçen yüzyıla kadar, satrancın büyük ustaları ya İspanyol, ya İtalyan, ya Fransız, ya İngiliz, ya Alman...

Derken birdenbire Amerika'yla Sovyetler'de çıkmaya başlıyor satranç dehaları...

Bu genel çizginin dışında kalan, sanırım sadece bir Japonya var.

Şimdiye dek ünlü bir Japon satrançcısının adını hiç duymadım. Konuyla ilgilenmiş olanlar, ola ki Japonya'da da satrancın iyice gelişmiş olduğunu söyleyeceklerdir...

O zaman bizim gözlem, ayrıcalıksız olarak, cuk diye oturacak yerine...

* * *

"Canım her şeyde biraz böyle değil mi?" diye, düşünmeyin. Gerçi gelişmiş toplumların sporu da, sanatı da, eğitimi de gelişmiş görünüyor ama, satrancın ayrı bir özelliği var.

Satranç toplumsal düzeyi değil, toplumsal dokudaki değişim çizgisini noktalayıp geçiyor... Yani insanların düşünmeye başladığı anı...

Küba'nın yirminci yüzyılda değişik bir özellik göstereceğini, Castro'dan çok daha önce, Kübalı satranç şampiyonu Capablanca haber veriyordu belki de...

Bizler olaylara değişik açılardan bakma cıvıltısında olmadığımız için, Cabaplanca'nın neden Küba'dan çıkıp da başka bir yerden çıkmadığına hiç dikkat etmemişizdir.

Nasıl ki, neden artık İngiltere'den büyük satrançcı çıkmadığını hiç düşünmediğimiz gibi...

Aslında sosyoloji fakültelerinde, üstünde tez yapılması gereken konulardan biridir bu...

Bir toplumun birden satranca karşı gösterdiği ilgi ile çıkardığı satranç ustaları, neyin habercisi, hangi değişimin işaret lambasıdır?

Neden Endonezya ile Rodezya, yahut Kuveyt'ten doğru dürüst satrançcı çıkmıyor da, Yugoslavya, Macaristan ve Arjantin'den çıkıyor?

* * *

Bu konuya arada bir değinmemizin nedeni, satrançta geri kalmışlığın ekonomide de geri kalmışlıkla açıklanamayacağıdır... Belki tam tersine, satrançta geri kalmışlık, ekonomide de geri kalmışlığın uzaktan bir gerekçesidir...

—Cumhuriyet devrimiyle birlikte satrancın köylere kadar inmesine önem vererek, kitlelerde yaygın bir satranç tiryakiliği yaratsaydık, Türkiye'nin bugünkü durumu, çok daha başka düzeylerde olurdu...

Bunalımlar, karamsarlıklar, kötümserlikler, geçimsizlikler, parasızlıklar, umutsuzluklar...

Ruhsal bir yitiklikle iyice dibe vurduğunuz zamanlarda, birkaç parti satranç oynayın. Apayrı bir dünyaya dalacak ve tazeleneceksiniz...

* * *

Satrançtan zevk almak için mutlaka bir ikinci kişi bulmaya da her zaman gerek yoktur.

Büyük ustaların satranç partilerini yineleyip incelerken, insan beyninin şaşırtıcı buluş ve yaratıcılıklarını göreceksiniz.

Ayrıca çözülmesi hiç de kolay olmayan satranç problemleri vardır. Çoğu gizli bir nükteyi saklar içinde.

Örneğin piyonunuzu "vezir" çıktığınız zaman, kendisine "vezir" değerini değil de ancak "at" değerini verirseniz çözülebilecek bir problemle uğraşmak istemez misiniz?

* * *

Kafasının yetersizliğini somut olarak görmekten korkanlar, satrançtan uzak dururlar.

Bir yanlış bir saplantıdır.

Satranca en geç on-on iki yaşlarında başlar ve sürekli olarak çalışırsan, "Satranç bilirim" diyebilirsin...

Benim gibi otuzundan sonra başlarsan, sadece vakit geçirip eğlenir, başkalarına hayran olur ve her oynadığın oyunda akıl almaz budalaca körlüklerle mat olursun.

Satrancı kıvıramamak, satrancın değerini anlamaya engel değildir ki... Ben her oynadığım oyunda nasıl yeneceğimi düşünmekten çok, nasıl yenileceğimi merak ederim. Ancak sonuçlar hep yenilgi olsa bile, satranç oyunu, satranç diyalektiğine alıştırır insanın kafasını...

* * *

Türkler de satrancın tavlaya oranla âdeta bilinmemesi, satranç diyalektiğinin, geleneksel düşünce biçimimize ters gelmesindendir.

Bizde geleneksel olarak başarı, ya kaba kuvvete dayatılmıştır, ya da sinsi kurnazlıklara... Satrançta ise kaba kuvvet yoktur, sinsi kurnazlıklar ise karşı tarafın durumu sezmesiyle oyunu tersine çevirir.

Bu üçüncü neden de, Türklerin özellikle kafa oyunlarında yenik düşmekten duydukları endişedir. Kader, kısmet, şans ve kumara bel bağlarlar da, çözümü matematiğe bağlı oyunlarla bulmacalardan daima sakınırlar.

* * *

Satranç sevenlerin bazı genel özellikleri üzerinde de azıcık duralım. Yaşamın akışı içinde tehlikeli kararsızlıklara düşmezler. Bir oranda belâlı yanılgılara uğramazlar. Kişiliklerine güvensizlik duymazlar. Eziklik duygusunun çengellerinde hırçınlaşıp kabalaşmazlar.

Büyük ustalarda rastlanan aşırı gariplikler ayrı bir konudur. Her dalda normalüstü kişiler, bir hayli garip kişilerdir. Satrançta da durum değişik değildir...

Bütün okullara, bütün kahvelere, bütün cezaevlerine, bütün otellere bol bol satranç takımları konmalı... Ayrıca her evde de bir satranç takımı bulunmalı...

* * *

Türkiye'de de bir satranç modası başlasa... Tahmin edemeyeceğiniz ölçüde ruhsal bir değişim olacaktır...

Bir toplum satranç dünyasında kendisinden söz ettirmeye başladığı zaman, aradığı güneşe merdivenini dayamış sayılır...

25.4.1984

OYUNCAK TREN
ENDÜSTRİSİNİN TARİHİ

Sayın Reagan seçimleri yedi gün yedi gece cümbüş yapmayı hak ettirecek kadar aşamalı bir farkla kazandı. Cumhuriyetçiler erdi muradına, biz çıkalım kerevetine...

Bu arada dünya televizyonları da televizyon gazeteciliğinin yazılı basına oranla ne kadar daha zengin olanaklara sahip bulunduğunu yeniden kanıtlama fırsatını buldular ve Amerikan seçimlerini sabaha dek büyük bir titizlik ve dinamizmle yüz milyonlarca izleyiciye yansıttılar...

Gönül ister ki, dünyadaki önemli olaylara karşı bizim toplumumuzda da bir merak keskinliği daha çok bilensin ve bizim televizyonlarımız da olup bitenleri dakikası dakikasına kaynağından aktarma olanaklarına bir an önce kavuşsun...

* * *

Gönül neden ister bunu?

Dünyayı izlemek, çağın girdisini çıktısını daha iyi kavrayıp değerlendirmeyi sağlar da, ondan ister.

"Ne olmuş yani" vurdumduymazlığının duvarlarını yıkmadıkça, yaşam sıkıntılarının tozunu silkmek de kolayından gerçekleşemiyor.

Örneğin, genç kuşakların önemli bir bölümü için minibüs ve kamyon şoförlüğü neredeyse ulusal bir meslek olma yolunda...

Ne sağlıklı, ne de verimli sayılabilecek bir tutku bu...

* * *

Buna karşılık demiryollarımız, saatte kırk kilometre zor giden trenlerimizle, çağdaş demiryolu işletmeciliğinin karikatürü bile olamayacak durumda.

Şoförlüğün genç kuşaklar arasında neredeyse ulusal bir meslek durumuna gelme yaygınlığıyla demiryollarımızdaki çöküntünün, sabahtan akşama dilimizden düşürmediğimiz yaşam sıkıntılarında hiç mi payı yok?

Planlama uzmanları canları isterse, çok rahat çıkarabilirler bu payın hesabını... Durmadan artan benzin fiyatlarıyla karayolu taşımacılığının piyasadaki pahalılığı ne yönde etkilediğini kestirmek için, ne ekonomi, ne de matematik bilgini olmaya gerek var... Aynı taşımacılığın bir bölümü, saatte iki yüz kilometre giden marşandizlerle yapılabilseydi, acaba bunun piyasa fiyatlarına etkisi ne yönde olurdu?

* * *

Bu alandaki bir başka boyut da, çocukların beyinsel gelişmesindeki "uyum ve tutarlılık"larla ilgilidir...

Oyuncak trenlerin, çocuk psikolojisinin teknik bir yaratıcılığa doğru açılmasındaki katkısı, bizim toplumumuzun hiç dikkatini çekmemiş.

Ve çok garip gelecek ama, oyuncak trenlerin tarihçesi üstünde de hiçbir araştırma yapılmamış.

Oyuncak tren müzelerinden birini gezerken öğrenmiştim. Hâlâ çalışmakta olan ilk oyuncak tren fabrikası 1835'de kurulmuş. O tarihte bizde henüz tren bile yok... Ve 1910'larda oyuncak bir tren fabrikasında kaç işçi çalışıyormuş biliyor musunuz? Üç bin işçi...

* * *

Böylesi oyuncaklarla yetişmiş kuşakların, teknik yaratıcılıktaki başarıları elbette ki bir rastlantı değil...

Raylar üstünde kıvrım kıvrım kayıp giden lokomotifli, düdüklü, sıram sıram vagonlu trenler uzaktan bakınca oyuncağa en çok benzeyen araçlardır.

O yüzden de çocuklar deli divane olurlar, gelip geçen trenleri izlemeye...

Onların bu tutkusunu görmüş olan oyuncak mühendisleri, kocaman trenlerle eş zenginlikte bir de oyuncak trenler endüstrisini kurmuşlar... Ve bizim "çocuk oyuncağı" diye umursamadığımız o endüstri, çocuk yapılarının biçimlenmesinde oynadıkları rolle toplumların teknik gelişmesiyle piyasa ekonomilerinde hiç de yabana atılmayacak dolaylı katkılar sağlamışlardır.

* * *

Oyuncak trenler... Oyuncak tren fabrikaları, oyuncak tren müzeleri... Ne olmuş yani... Çok mu önemli... Onca toplum sorunu varken... Ve neredeyse şoförlük genç kuşakların okulsuzları arasında, ulusal bir meslek olma yolundayken... Ve artan benzin fiyatları karayolu taşımacılığını da pahalılaştırırken... Ve trafik kazalarında dünya birinciliğini mıh gibi elimizde tutarken...

Evet, çocuk oyuncakları her zaman çok önemlidir... Dünyada olup bitenleri bazan dakikası dakikasına izlemek ne kadar önemliyse...

Yaşam sıkıntılarının tozu, "ne olmuş yani çok mu önemli?" sorusunun arkasındaki kısır döngüden kurtulunduğu ölçüde silkelenmeye başlıyor...

9.11.1984

OTOMOBİL YÜZ YAŞINDA

İlk otomobilin ortaya çıkışından bu yana yüz yıl geçmiş. Onun da arkasında, kendi kendine yürüyen araba yapmak için didinip uğraşmışların, yine yüz yıllık bir geçmişi var...

Nicolas-Joseph Cugnot diye bir Fransız, daha 1769'larda buharla yürümeye çalışan, kağnı bozması bir araba yapmayı başarmış... 1787'lerde de Oliver Evans diye bir Amerikalı, otomobilin ağababasını yaratmış...

Bizde o tarihlerde atlı arabalar dahi henüz yok ortalıkta. Çelik Gülersoy'un "Eski İstanbul Arabaları" yapıtından öğrendiğimize göre, Avrupa ile Amerika'da ilk otomobil denemelerinin göründüğü yıllarda, bizde padişah olan Üçüncü Mustafa, tüm yaşamında ancak iki kez binmiş atlı arabaya; Birinci Abdülhamit ise sadece bir kez... Erkeklerin arabaya binmesi diye bir âdet yokmuş o dönemlerde; ya ata biner, yahut yaya yürürlermiş...

* * *

Tekniği, insanın zamana başkaldırması yaratmıştır...

Zamana başkaldırma... Belirli bir ömür süresi içinde zamana karşı yarışma, hızlı ulaşım ve hızlı sonuç alma... Ne Şark'ın, ne de Osmanlı'nın kolayca algılayabileceği kavramlardı bunlar... O yüzden de, ne vapurun, ne trenin, ne otomobilin, ne uçağın gelişim tarihçelerinde, bizlerden bir ad'a hiç mi hiç rastlanmaz.

* * *

Düzenli araba üretiminin ilk başladığı tarih 1897... Amerikalı Haynes, tanesi altı yüz elli dolardan ilk otomobilleri çıkarıyor piyasaya...

1908'de Ford patlaması...

Ford on dokuz yılda, on beş milyon araba üretiyor ve fiyatları bin iki yüz dolardan, iki yüz doksan beş dolara indiriyor...

İki dolar asgari ücretle günde dokuz saat çalışan işçilerin, çalışma saatlerini de sekiz saate indirip, asgari ücretlerini beş dolara çıkarıyor.

Bunun için yaptığı açıklama şöyle:

— Atölye temizlikçileri, sağa sola serpilen civatalarla somunları, çöplüğe süpüreceklerine, canla başla çalışıp toplamaya çaba gösterdikleri zaman zaten beş dolarlık bir kazanç sağlanmış oluyor...

Ford'un vasiyetinde dahi kendi reklamını yapmayı unutmadığı söylenir:

"Öldüğüm zaman Ford'umun içinde gömülmek istiyorum. On yıldan beri kullanmaktayım onu. Birlikteyken girdiğim herhangi bir çukurdan beni çıkarmadığını henüz hiç görmedim."

* * *

Motorlu taşıt günümüzde çağın yaşam boyutu...

Psikolojik testler dahi onun üstüne yapılıyor.

Bileklerini direksiyona dayayarak kullanma, gevşeklik işareti...

Bir dirseğini kapıya dayayarak kullanma, umursamazlıkla vurdumduymazlık işareti...

Boğulmak üzere olan birinin bir şamandıraya yapışması gibi, sımsıkı yapışmak direksiyona, "mirasım salatalıktır diyene tuzla koşmak" işareti...

Araba kullanan birinin kontağı açıp el frenini bıraktıktan ve gaza bastıktan sonra, artık arabayı fizik kişiliğinin değil, gizli benliğinin sürdüğü iddia ediliyor...

Dönemeçleri alış biçimi, kendisini geçenlere salladığı küfür, klakson yahut farlarla önündekini sıkıştırma merakı, iç benliğinin su üstüne vuran yönleri...

Yolla yaşam birbirine karışıyor şoförün yan bilincinde...

Tehlikeli karşılaşmalar, yarışmalar, yol tıkanmaları, tıpkı yaşamdaki gibi...

Ve yaşamda yeterince başarılı olamayan ezik kişi, öcünü araba kullanırken çıkarmaya kalkıyor...

* * *

"İnsan ve Otomobil" adındaki ilginç bir yapıt, kişinin kendi iç dünyasında rahatsa, başkalarından daha az kaza yapmaya dönük olduğunu söylüyor. Ve yine iddia ediyor ki, kazaya yatkınlık diye de psikolojik bir insan yapısı vardır.

Dengesizler, saldırganlar, kişiliği yeterince gelişmemişler ve çocukluklarından bu yana, yaşama karşı belirli bir düşünce penceresinden bakmaya alışmamışlar, araba kazası yapmaya çok daha hazır görünüyorlar...

* * *

Psikiyatrlara göre araba ile şoför iki ayrı parça olmaktan çıkıp, bir tek bütün oluşturuyor. Günlük yaşamın ezikliklerinni, büyülü bir güçle reddetmeye dönük, yepyeni bir başka bütün...

Ve özellikle ilkel ve donatımsız kalmışlarda, bu psikolojik çarpıklığı arıtmak çok zor...

Bir yanda insanlığın zamana başkaldırma çabalarının dışına düşmüşlük...

Bir yanda direksiyon başına geçer geçmez yaşamdaki yetersizliklerle ezikliklerin acısını çıkarma tepkisi...

Sonuç; her gün iki düzine araba kazasında yığınla ölü ve sakat kalma...

Toplum bireyleri, motorlu taşıt kullanmaya duydukları merak ölçüsünde piyano, yahut en azından akordeon da çalmaya merak duymuş bir alışkanlıktan gelseler, ola ki durum çok daha başka türlü olurdu...

23.7.1984

138 YIL ÖNCEKİ
KUZEY KUTBU YOLCULUĞU

Kanada'daki Alberto Üniversitesi'nin antropoloji profesörlerinden Owen Beatty, dört yıldan beri her yaz öğrencileriyle Kuzey Kutbu'na gidiyor ve Groenland'ın batısındaki Beechey Adası'nda, 1846'larda iki gemiyle oralara gelip kaybolmuş olan Lord John Franklin ile adamlarının kalıntılarını arıyormuş.

Lord John Franklin, İngiltere'nin Kuzey Kutbu'ndan Hindistan'a kestirme bir yol bulma aranışlarında büyük çabalar göstermiş ve bu uğurda yaşamını yitirmiş, ulusal eski bir kahraman...

Kendisi 1784'te İngiltere'nin Kuzey Denizi kıyılarındaki küçük bir kasabasında doğmuş. On dört yaşında deniz kuvvetlerine girmiş. On dokuz yaşında Trafalgar Savaşı'na katılmış.

Ve daha o yaşlarda Avustralya'nın batısına kadar uzanarak oraların haritalarını yapmış, bir ara da gemisi battığı için, Okyanus'taki adalardan birinde, elli gün kurtarılmasını beklemiş.

1818'de otuz dört yaşındayken Norveç'in kuzeyinden Hindistan'a gitme göreviyle "Trent" gemisinin komutanlığına atanmış.

* * *

On dokuzuncu yüzyılın başında oraları dünyanın sonu

kadar uzak ve korkunçmuş. Buzullarla kaplı stepler hiç kimseye yaşam şansı vermiyormuş. John Franklin bu yolculuktan pek başarılı dönememiş. Ama Kuzey Kutbu'yla burun buruna gelmek, yeni bir dönem açmış gemiciliğinde...

1819'da Hudson Körfezi'nin batı kıyılarını inceleyerek Arktik denizlerine ulaşması göreviyle yine Kuzey Kutbu'na doğru düşmüş yollara... Ve bu kez büyük bir sükseyle dönmüş Londra'ya...

1829'da, Arktika bölgesine yaptığı yeni bir yolculuktan sonra Paris Coğrafya Kurumu'nun altın madalyasını kazanmış. Sonra da Kraliçe Victoria kendisine Lord payesini vermiş.

* * *

Lord John Franklin on yılı aşan bir süre İngiltere Sarayı'yla Akdeniz Filosu İkinci Amiralliği arasında keyifli bir yaşam sürmüş.

1836'da Avustralya'nın güneydoğusundaki Tasmanya Adası'na vali olarak atanmış.

1845'te aklı yeniden Kuzey Kutbu'ndan Hindistan'a kestirme bir yol bulmaya takılmış. Buharla da işleyen iki yelkenli gemiyle, yüz otuz dört seçkin gemiciden oluşan bir ekip vermişler kendisine...

19 Mayıs 1845'te Tamise Nehri'nin ağzındaki Sheerness Limanı'ndan yola çıkmış gemiler...

Aynı yılın 26 Temmuz'unda bir balina gemisi, Baffin Körfezi yakınında son kez görmüş Lord Franklin'in yelkenlilerini...

Yelkenliler, burunlarında buzulları kırmak için çelik

mahmuzlar, içlerinde ısı donatımları, bin iki yüz kitaplık iki kütüphane, yıllarca yetecek yiyecek stokları, gümüş ve porselen yemek takımlarıyla, zamanın tüm konforu ve tekniğiyle donatılmış olarak, görkemli bir güvenli Kuzey Kutbu'nu yenmeye gidiyormuş.

* * *

1847 Mayıs'ına kadar iki yıl her şey yolunda gitmiş. Kışlar kazasız belasız atlatılmış. Nerdeyse Kanada açıklarına varılmak üzereymiş. Ne var ki 11 Haziran 1847'de Lord Franklin ölüvermiş ve ondan sonra her şey tersine dönmüş. Gemilerden biri batmış, ötekini de büyük bir fırtına kıyıya oturtmuş. Ekipten sağ kalan yüz beş kişi, Huston Körfezi'nin çevresindeki köylere varmak için, karadan yürümeye koyulmuşlar. Ve o uzun yürüyüşten hiç kurtulan olmamış. Sıfıraltı elli derece soğuk, kar fırtınaları ve yiyecek sıkıntıları içinde, ancak birkaç ay dayanabilmişler doğanın insafsızlığına ve teker teker ölüp gitmişler...

* * *

Geminin baş çarkçısı John Torrington, daha gemilerin işe yaradığı sıralarda yaşamını ilk kaybedenlerdenmiş.

Kanada'daki Alberta Üniversitesi'nin antropoloji profesörü Owen Beatty dört yıldan beri her yaz öğrencileriyle Kuzey Kutbu'na uzanarak, yüz otuz sekiz yıl önce yaşanmış dramın kalıntılarını bulmaya çalışırken, birkaç hafta önce Beechey Adası'nda John Torrington'un mezarına rastlamış...

Torrington'un cesedi buzlanıp kaldığından, hiç mi hiç bozulmamış. Adeta canlı gibiymiş...

Ve Eskimoların efsanelerinde bu korkunç olay "Ölüp giden beyaz adamların uzun yürüyüşü" adıyla hâlâ anlatılıyormuş...

Lord Franklin'le adamlarını bulmak için o yıllarda gönderilen yardım kuvvetleri, Eskimoların yağmalayıp köylerine götürdükleri, çizmeleri, gömlekleri, pantolonları, kutuları, bıçakları görmüşler ve bu konuda bilgi toplayabilmek için her istediklerini de vermişler... Böylece Franklin'in ölümlü yolculuğundan, tek kârlı çıkanlar Eskimolar olmuş.

Geçen yüzyılın ortalarında Kuzey Kutbu'nda yaşanmış büyük dramdan şimdi Londra'ya geri dönen tek gemici, bozulmamış cesediyle, baş çarkçı John Torrington...

* * *

O yıllarda bizde de önemli gelişmeler oluyor ve tanzimat fermanıyla açılmak istenen yeni dönemin yeni rüzgârları, Abdülmecid İstanbul'unda hafif hafif esmeye başlıyordu...

Ve yeni dönemin özetini de sokakta bağırtılan tellaların nağraları belirliyordu:

— Bundan böyle gâvura gâvur demek yoktur ha...

13.10.1984

İLK KARİKATÜRLER

Tılsımlı bir sanattır karikatür. Bir iri burunla iki uzun bacakta De Gaulle'ü görürsünüz; bir küçük siyah bıyıkla bir tutam saç perçeminde Hitler'i. Kendilerini boyuna toplumun karşısına diken kişilerin fizyonomilerindeki en belirgin yönleri, birkaç çizgiyle simgeleştiriverir sanatçı...

Bazen parmağını uzatmış nutuk söyleyen silindir şapkalı bir şiş göbek, demagog bir politikacı soyutlaması olur, bazen kendi beyni içine hapsedilmiş koca gözlüklü bir sıska kişi, fikirlerini açıklama özgürlüğünden yoksun kalmış bir aydın tipi...

İnsanlığın tarihi kadar eskidir karikatürün tarihi de. Eski Çin uygarlıklarıyla Hint uygarlıklarında tapınaklara kadar girmişti karikatür. İnsanlığın erdemli ve erdemsiz yönlerini, en açık aşk sahnelerinde yansıtıyordu bu karikatürler... Özellikle Hintlilerle Mısırlılar, çizdikleri karikatürlerde duygulara da kişisel biçimler veriyorlardı. Açık saçık gerinen bir kadına saldıran canavara benzer bir erkek, şehveti anlatıyordu; boynu bükük genç bir kız, masumiyeti. Ve bütün bu azgınlıklar, kötülükler, uysallıklar, iyilikler, kadın-erkek ilişkilerinin panoraması içinde yer alıyordu.

* * *

Turin Müzesi'ne gidenler, Mısır papirüsleri üstüne çizilmiş harp çalan bir eşek, lir çalan bir yılan, dümbelek çalan bir timsah ve çifte flüt çalan bir maymun resmini görerek, Mısırlıların karikatür anlayışında nereye kadar varmış olduklarını saptayabilirler. Kimbilir, belki de üstü örtülü siyasal bir hicivdi Mısırlıların yaptığı bu karikatür ve o devrin politika orkestrasını canlandırıyordu.

Çünkü yine Londra'daki British Museum'da bulunan Mısır papirüslerinde, kasden gayet korkunç çizilmiş Firavunlara rastlıyoruz.

Eski Yunan da karikatürde çok ileriydi. Tanrıların karikatürle rezilini çıkaran sanatçılar vardı. Zeuxis adlı ünlü bir eski Yunan karikatüristinin, kendi yaptığı ihtiyar bir kocakarı karikatürüne bakarken, kahkahalarını bir türlü zaptedemeyerek gülmekten öldüğü söylenir.

Milattan yüzlerce yıl önce yaşamış Amerika yerlileri de taşlar üstüne korkunun karikatürünü yapmışlardır. Bunlar dili insan kolu uzunluğunda olan yılanlarla, pençelerindeki tırnaklarda küçük insan gözleri olan vahşi hayvanlardı.

Yakın tarihlerde de Moğolistan'da vaktiyle ağaç kabuklarına kazılmış insan vücutlu yılanlar bulunmuştur.

Eski Roma'da da karikatür çok yaygındı. Üç yüze yakın karikatür çıkmıştır Pompei kazılarından...

* * *

Eski çağın büyük tarihçisi Pline, Antiphile adında bir ressamın, devrindeki kudretli bir siyasetçinin karikatürünü yaptığı için cezalandırıldığını yazıyor. Kudretli siyasetçi, karikatürünü görünce küplere binerek,

— Beni maskaraya çevirmiş kerata, cezasını hemen verin, demiş.

Tarihte siyasetçi gazabına çarpılmış ilk karikatüristin işte bu Antiphile olduğu söyleniyor.

Florenzo del Pavi adındaki eski bir İtalyan ressam da boyuna elma ağaçları çizer, yalnız dalların uçlarına elma yerine kadın başlarıyla erkek başları koyarmış.

— Niye böyle yapıyorsun, diye sormuşlar.

— Elmaların da insan başları kadar değerli ve onlar kadar beyin sahibi olduğunu kanıtlamak için, demiş.

Demek ki, gitgide elma, kabakla yer değiştirmiş karikatür sanatında.

Yine eski toplumlardaki destanların da, bir tür sözlü karikatür olduğunu iddia edenler var.

Büyük yazar Selma Lagerlöf,

— Ülkemizdeki doğaüstü masallar, daha önce adsız sanatçılar tarafından taşlarla ağaçlara çizilmiş resimlerdi. Bu karikatürleri dile getirerek anlatan kişiler, yavaş yavaş bunların masallaşmasını sağladılar, diyor.

Erasmus'un ölmez yapıtı "Deliliğe Övgü"yü de yakın dostu Holbein şahane bir karikatür dizisiyle bir kat daha yüceltmiştir.

* * *

Ama günümüz karikatürünün gerçek yaratıcısı Leonardo da Vinci'dir. Tablolarındaki kişilerin ayrıca bir de karikatürünü yapardı Vinci. Üstelik öğrencilerine de rastladıkları kişilerin karikatürlerini yapmalarını salık verirdi. Ve öğrenciler, önemli kişilerin oturdukları evlerin duvarlarına, bu kişilerin gizlice karikatürlerini çizmeye başladıkları için de, epey bir gürültü çıkmıştı o zaman.

Fransa'da modern karikatürün babası Rabelais'dir. Rabelais "Eğlenceli Düşler" kitabını oturup bir de karikatürle süslemiştir. Aynı zamanda ilk karikatür albümü sayılmaktadır bu yapıt...

Özellikle 17. yüzyılda bir karikatür salgını kapladı Avrupa'yı. Siyasetçiler vebadan korkar gibi korkuyorlardı karikatüristlerden. 14. Louis, suratını beygir kafasına benzeterek çizen Hollandalı sanatçılara sövüp sayıyordu.

Richlelieu ise karikatürlerini gördükçe, mide krampları geçirirdi.

XVIII. Louis, X. Charles ve Louis-Philippe zamanlarında karikatür muhalefetin en keskin silahı olmuştu. Önüne gelen Louis-Philippe'nin başını armut biçiminde çiziyordu. Bir kez de karikatürist Charles Philippon "Armudu" kraliyet arması olarak çizdi. Kral mahkemeye verdi Philippon'u ama davayı kaybetti. Louis-Philippe ise artık iyiden iyiye sızlanıyor,

— Bu kepazelikler karşısında utancımdan yerin dibine geçiyorum. Beni Seine nehrine atsınlar, daha iyi, diyordu.

İngiltere'de Hogarth, İspanya'da Goya karikatürün büyük şaheserlerini yaratmışlardı. Bazı büyük romancılarla ozanlarda da karikatür çizmeye karşı büyük yatkınlık görülüyordu.

Baudelaire, Mérimée, Théophile Gauter, Victor Hugo ve özellikle Alfred de Musset, yazar-karikatüristlerin başında geliyorlardı.

Ayrıca Alfred de Musset, günümüzde pek moda olan resimli bandların da ilk yaratıcısı olmuştu.

8.3.1984

TİMSAHLARIN YAŞAMI

Türkiye'de timsahların yaşamını merak etmiş kaç kişi vardır bilemeyiz, ama sanırız ki, hiç kimse timsahların yaşamı hakkında bir kitap yazmamıştır.

"Timsahların yaşamını merak etmek önemli midir?" diye de sorulabilir. Ancak bu yanlış bir sorudur. İnsandaki merak güdüsü "bilinmez"in peşine düşerken, "önemli-önemsiz" ayrımı yapamaz. Çünkü bilinmeyen bir konunun önemli mi, önemsiz mi olduğu daha önceden saptanamaz.

Merak güdüsü gelişmemiş bir kişiye, bilmediği konuların hepsi önemsiz görünür. Timsahların yaşamı da Paganini'nin keman konçertosu da...

Onun için merak güdüsünün gelişmemişliği, yaşam ufuklarının darlığıyla orantılıdır. Yaşam ufukları dar kalmış bir insan ise hiçbir şey yaratamaz. Yaratılmış şeylerden de fazla bir şey anlamaz. Onun gözünde Diderot da "Ne olmuş yani"dir, El Greco da...

* * *

Timsahlar, çeneleriyle kuyrukları olağanüstü güçlü, çok kalın pütürlü bir kabukla zırhlanmış, bir ton ağırlığında korkunç canavarlardır.

Ve bu testere dişli, acımasız ve çirkin canavarların aşk yaşamları, aklın almayacağı kadar güzel bir şiirdir.

Bir kez timsahlar monogamdırlar. Erkek dişisini seçtikten sonra, ikisi de birbirlerinden ölünceye dek, yani yüz yılı aşkın bir süre asla ayrılmazlar.

Genç bir timsah, başka timsahlarla birlikte uyuklamakta olan genç bir bayan timsahı gözüne kestirdiği zaman, karşısına kadar yüzerek suları köpürtmeye, delikanlılığını kanıtlayacak yiğitlik gösterileri yapmaya başlar. Bayan timsahın çevresindeki timsahlara posta koymaya kalkarak, hepsini tek tek oradan uzaklaştırır. Sonra yine sulara dalıp kuyruğuyla köpürtür de köpürtür suları...

Derken bu kadar afiye ve yiğitliğe dayanamayan bayan timsah da, uyukladığı kıyıdan süzülüverir suların içine... Ve iki genç timsah, çevrelerinde halkalanmış olan öteki timsahların ortasında, harika bir düğün dansı yapmaya koyulurlar.

Sonunda dişi timsah gelir, erkek timsahın göğsüne dayar başını ve bir süre öyle durur. Eş eşini seçmiş, düğün töreni tamamlanmıştır.

* * *

Dişi timsah hamile kaldıktan sonra, yumurtalarını güneş gören kuytu bir kıyıdaki kumsala yumurtlar. Ve yumurtaların belirli bir sıcaklıkta kalıp canlanması için de, hepsini usulca kuma gömer. Üç ay süreyle, hiçbir şey yiyip içmeden, gece-gündüz bekler yumurtaların başını...

O sırada erkek timsah da dişisinin karşısındaki sularda nöbet tutmakta, sağı solu kolaçan etmektedir.

Üç ayın bitiminde dişi, kumları eşip yumurtaları çıkarır ve yavruların kabuklarını kırmasını kolaylaştırmak için, o korkunç ve güçlü dişleriyle, sanki bir kurabiye tutuyormuş gibi, yumurtaları tek tek çatlatıverir.

Minik timsahlar kıvıl kıvıl çıkarlar yumurtalardan. Anne timsah, kocaman ağzını alabildiğine açarak, aşağı yukarı sayıları yirmiyi bulan yavru timsahların hepsini ağzının içine alır ve açık çenesiyle sulara girerek, yavrularını sulara bırakır.

Tüm timsahlar da sulara dalmışlar, yeni doğan yavrulara "hoşgeldiniz" demek için yarı bellerine kadar doğrularak, omuz omuza yavruların karşısında dizilmişlerdir.

İnsanın uzaktan seyrederken dahi içinde tiksinti ve ürperti duyduğu, sönük ve kıpırtısız bakışlı canavar timsahların, kendi öz yaşamlarındaki dünyaları bu kadar renkli, duygulu ve sevecendir. Hatta insanlarınkinden bile daha sevecendir.

* * *

Timsahların yaşamını merak etmek o kadar önemli midir?

Önemlidir.

Solucanların yaşamını, beyaz karıncaların yaşamını, istiridyelerin yaşamını merak etmek de önemlidir. Çünkü hem doğa, hem de doğadaki "yaşam" önemlidir. Bunun bilincine varmayınca, insanlar dahi birbirlerinin gözlerinde önemsizleşmeye başlarlar. Bir Rumeli deyimiyle "Ahmet'in öküzü, bakar iki gözü" olurlar.

Everest'in tepesini merak etmek de önemlidir. Büyük Okyanus'un dibini merak etmek de... En azından hangi bakanın yerine hangi bakanın geleceğini merak etmek kadar önemlidir.

* * *

Bizim tarihimizde de çocuklara oyuncaklar armağan etme geleneği yaygınlaşsa ve oyuncak yapımcılığı, köklü bir yaratıcılık kurumu olarak biçimlenseydi, bizim merak güdülerimiz de, kuşaklar boyunca çok daha fazla bilenecekti.

Oyuncaksız yetişmiş çocuklarda merak güdüsü nasırlaşmaya uğrar. Timsahların yaşamını merak etmek de önemli gelmez onlara. Vezüv Yanardağı'nın içini merak etmek de...

Tarihsel arşivlerin değerlendirilmemesinin de nedeni meraksızlıktır. Okuma ve araştırma yüzdesinin düşüklük nedeni de meraksızlıktır. Tanzimat'tan bu yana sürüp gelmiş olan toplumu kalkındırma çabaları, merak güdüsündeki sıskalığı bir türlü görememişlerdir. Görselerdi önce çocuklar için meraklı oyuncaklar yapmak gerektiğini hemen anlarlardı. Ve anlarlardı ki, birçok şeyin oyuncağa çevrilmesinin nedeni, çocukların vaktiyle oyuncaksız yetişmiş ve doğayla doğadaki yaşamı yeterince merak etmemiş olmasındandır.

16.5.1984

SAMURAY DAMGALI
JAPON YENGEÇLERİ

Sorunlara değişik açılardan yaklaşmak, hiçbir işe yaramasa da, çevresini rahat taraması için kımıldak bir eksen üstüne oturtulmuş olan düşünce projektörlerinin eklemlerini, paslanıp tek açıya tutsak olmaktan kurtarır.

Örneğin, Osmanlı tarihine miniskül bir ekskavator kepçelemesiyle merak sardırmamızın nedeni, bu tarihin saray dalkavuklarının yakıştırmacılığına mahkûm edilerek, birçok temel gerçeği gözlerden saklamak için kullanılmış olduğunu sezmemizdendir.

Altı yüz yılı aşkın bir imparatorlukta, beyinsel bir yaratıcılık patlaması yerine, içine kapalı, albenisiz kısır bir döngüyü sürdürüp götürmüş olan bir köylülüğün ağır basmış olması, herhalde bir rastlantı değildi.

Neden yüzyıllar boyu köylülüğün içine kapalı, albenisiz kısır döngüsü, beyinsel bir yaratıcılık patlamasına ağır bastı. Bu konuya, beslenme çarpıklığındaki hayvansal protein eksikliğinden de bakmaya çalıştık, yüzyıllar içindeki sakatlı sünnetlerin oluşturabileceği bozukluklardan da, yeni yeni ortaya çıkmaya başlayan toplumdaki bağırsak kurdu yaygınlığının çökertici etkilerinden de.

Ancak altı yüz yıllık, hatta daha da gerilere giden bir zaman dilimi içinde yeşermeye çalışmış beyinsel aranışların nasıl kökünden koparılıp yok edilmiş olduğunu tam inceleyemedik.

Şimdi bunun, ne denli önemli olduğunu, azıcık belirtmek için 1185 yılının Japonya'sına doğru gidiyoruz.

* * *

1185 yılında, Japon İmparatorluğu'nun tahtında kim oturuyordu biliyor musunuz? Antaku adında, yedi yaşındaki bir oğlan çocuğu...

Antaku, Heike sülalesinin başıydı. Ve Heike sülalesi başka bir Samuray sülalesi olan Genji sülalesine karşı, uzun ve öldürücü bir savaşa girmişti. Her iki sülale de, imparatorluk tahtının kendilerine ait olduğunu iddia ediyordu.

24 Nisan 1185'te Japonya'daki Dan-No-Ura Körfezi'nde bu uzun savaşa son veren çok kanlı bir çatışma oldu. Yedi yaşındaki imparator Antaku, savaş gemilerinin birinde Heike kuvvetlerini yönetmeye çalışıyordu. Ama karşısındaki düşman hem sayıca çok daha fazlaydı, hem de başlarındaki komutan çok daha deneyimliydi. Heike kuvvetlerinin tümü kılıçtan geçirildi, savaşta canlarını kurtaranlar da kendilerini denize atarak boğuldular. Böylece Heike donanması tamamen yok edildi. Heike'lerden sağ kala kala sadece kırk üç kadın sağ kaldı.

Kırk üç saray kadını, yaşamlarını sürdürebilmek için büyük deniz savaşının yapıldığı kanlı körfezin yakınındaki bir balıkçı köyünde, çiçekçilik yapmaya başladılar. Çok sıkıştıkları zaman, ister istemez vücutlarını da satmak zorunda kalıyorlardı. Heike'ler tarihten silinmişti. Ne var ki, kırk üç saray kadınından arta kalanlar, balıkçılardan olma çocuklarıyla Dan-No-Ura savaşının yıldönümlerini anmayı hiç mi hiç unutmadılar.

Taaa o zamandan günümüze dek, her 24 Nisan'da Heike sülalesinin torunları, çuvaldan giysilerle siyahlara bürünüp, denizde boğulmuş olan yedi yaşındaki imparatorun, içi boş türbesi önünde toplanırlar.

O çevre balıkçıları ise, Heike sülalesine bağlı Samurayların, yengece dönüşerek Japon denizlerinin dibinde yaşadıklarına inanırlar.

Gerçekten de Japon denizinden çıkan yengeçlerden bazılarının sırtı, özel olarak yontulmuşçasına, Samurayların yüzüne benzemektedir. Balıkçılar, kesinlikle bu yengeçleri yemez ve yeniden denize atarlar.

* * *

Bu efsane, ilginç bir sorun koymaktadır ortaya: Bir Samurayın yüzü nasıl olup da bazı yengeçlerin sırtına işlenmiştir?

Bazı yengeçlerin sırtlarında Samuray çehresi taşımaları, kalıtımsal olarak gerçekleşmektedir.

Ve yengeçlerde de insanlarda olduğu gibi, çeşitli ırklar ve soylar vardır. Belki de Dan-No Ura savaşından çok önce balıkçılar, sırtını insan yüzüne benzettikleri bazı yengeçleri yemiyor ve yeniden denize atıyorlardı.

Böylece, doğadaki dengeli gelişimi etkiliyorlardı. Sırtı insan yüzüne benzemeyen yengeçler, hızla yakalanıp yendikleri için, sırtında Samuray damgası taşıyor görünen yengeçlere oranla daha yavaş ürüyorlardı. Sonuç olarak da, Samuray damgalı yengeçler daha kolay ve daha korkusuz çoğalıyorlardı. Yengeçleri, sırtlarındaki Samuray görüntüsü büyük bir yaşam güvencesine kavuşturuyordu...

Yüzyıllar içinde kuşaklar boyu, Samuray damgalı yengeçler çoğaldıkça çoğaldı, öteki tür yengeçler de azaldıkça azaldı. İnsanın bilmeden doğaya yapmış olduğu bir müdahala ile Japon Denizi'ndeki yengeç soyları arasında bir dengesizlik ortaya çıktı.

* * *

Aynı tür ikilemler toplumlar için de geçerli olabilir. Köylülük çerçevesi içinde kalmanın daha büyük güvence sağladığı, yan bir sezgiyle benimsenen bir ortaçağ monarşisinde, içe kapalı bir yaşam düzeni, kendi kendini aşmakta hiçbir yarar görmez olabilir.

Osmanlı tarihinde tek bakışlı eşdeğer yargı ve yorumlar oluşumunu, kim ırgalayıp rüzgârlandırmaya kalksa hemen üstüne gidilmiş ve köküne kibrit suyu dökülmüştür. Aynı kısır döngü içinde yaşayan köylülük kurumu da, en güvenceli yaşam biçimi olarak kalmıştır. Tıpkı sırtında Samuray damgası taşıyan Japon yengeçleri gibi...

Artık bu kısır döngü çatlamış bulunuyor... Gelecek yüzyıl, geçmişteki yüzyılların hiçbirine benzemeyecek kadar bereketli olacaktır. Yaşam güvencesi açısından, köylü kalmanın avantajları iyice bozulmuştur çünkü.

28.6.1984

MOĞOL GELENEĞİNDE
HELÂ KÜLTÜRÜ YOKTUR

Yaşamlarını dışarda kazanan köylülerimizden, yazlık izinlerini Türkiye'de geçirmiş olanlar, işlerinin başına geri dönerken en çok neden yakınmışlar biliyor musunuz, helâların pisliğinden...

Helâ kültüründen yoksun olduğumuz, Cumhuriyet'ten bu yana gündemdedir. Falih Rıfkı, tek parti döneminde Ankara'nın görüşlerini yansıtırken, orman soykırımı kadar, helâ sorununun da üstünde bastıra bıstıra dururdu.

Köylülerimizden Avrupa görmüş kesiminin, kırk yıl önceki iktidar başyazarının bu konudaki çizgisine varmış olmaları büyük aşamadır. Ne var ki bu aşamanın sağlanmasındaki başarı payı iç kaynaklı değil, dış kaynaklıdır.

* * *

Neden iç kaynaklı değildir de dış kaynaklıdır?

Çünkü biz, aşama yapmasına gerek olmayacak kadar aşamalı bir toplum olduğumuza kendimizi inandırıp durmayı, ulusçu bir tutum sanmış ve bunda ağızbirliği etmişizdir.

Yerli malı filmlerin hiçbirinde gerçeklerimizin tam yansıtılmasına, örneğin helâ kültüründen yoksunluğun üstünde durulmasına gönlümüz elvermemiştir. Böylece toplum, kendi eksiklikleriyle çarpıklıklarını izleyebileceği bir ayna bulamamış ve hangi düzeyde kalmış olduğunu görebilmesi için dış dünyalara açılması gerekmiştir.

Şimdi doğduğu yerlere tatilini geçirmek için geldiği zaman,
— Helaları pis bulduk, demektedir.
Şayet böyle bir olanağa kavuşmasa, bunun hiçbir zaman farkında olmayacaktı. Tıpkı daha birçok kişinin, buna benzer birçok şeyin farkında olmayışı gibi...

* * *

Bizde helâ kültürünün neden gelişmediğini, derinliğe araştırma derdine düşmüş bilimsel incelemeler de yoktur.
Bir toplumbilimci böyle bir meraka kapılsa, sanırız ki kendini önce Moğolistan'da bulurdu.
Ve anlardı ki, Moğol yaşamının izleri hâlâ daha etkisini sürdürmektedir üstümüzde.
Moğollar üstündeki en yetkili uzmanları bizim çıkarmamız gerekirken, yazık ki onu da başkalarına bırakmışızdır.
Viyana kapılarına kaç kez gittiğimizle övünme yerine, Moğollarla olan serüvenlerimizin tüm boyutlarını mıncık mıncık etseydik, gözlerimizdeki perdelerin çoğu kalkacak ve Moğolların bize yaptıklarını, biz de başkalarına yapmış olmakla övünmekten kendimizi sakınacaktık.
Bizim Anadolu'ya geldikten sonraki cengâverliklerimizle yüreğimizi serinletme özlemimiz, biraz da Moğollarla başımızın belaya girdiği dönemleri unutmak içindir.

* * *

Moğol dininde "Çadır"ın adı "Yurt"tur. Bugün dahi Moğol çoğunluğu bu "Yurt"larda yaşar. "Yurt"ların ise helâsı yoktur. Moğol bu tür gereksinmelerini "Yurt"un dışına çıkarak, tarlalarda giderir ve taş kullanarak temizlenir.

Bizim köy kerpiçlerinin neden helâsız olduğu; gelişmiş kasaba konutlarından birçoğunun dahi neden helâsının bahçeye kazılmış üstü kapalı çukurdan ibaret bulunduğu, Moğol yaşamı incelendiği zaman daha iyi anlaşılır.

Eski Roma'nın suya ve hamamlara olan tutkusu, büyük kentlerimizi etkilememiş; kırsal kesim yaşamıyla egemenliğin değerlendirilmesinde, Moğol geleneklerinin izdüşümü önemli oranda sürüp gitmiştir.

İslamiyeti kabul ettikten sonra, ceza hukuku alanında şeriatı tam olarak hiçbir zaman uygulamamış olmamızın da nedeni, Moğollardan edindiğimiz alışkanlıklardan tüm sıyrılamamış olmaktır.

* * *

Bilemeyiz son elli yılda İstanbul'a kaç tane cami yapılmıştır? Ama kanalizasyon sorunu daima havada bırakılmıştır. Çünkü halklaşma süreci, eski Roma'nın Osmanlı İstanbul'uyla iyi kötü oluşturduğu sentezi kökünden kazımıştır. Şadırvanların, çeşmelerin kuruyup kalması ve güvercinli geniş mermer avluların kendilerini üretememesi, biraz da bundandır. Bunların bilimsel bir ciddiyetle araştırılıp toplumun gözleri önüne sık sık serilmesi gerekirdi. O zaman neyin neden olamadığı çok hızlı çıkardı ortaya ve kendi eski oluşumunu çok hızlı değiştirmeye başlardı.

Bunu şimdi dışarıya gitmiş olan köylülerimiz üstleniyor ve tatillerini geçirdikten sonra geriye dönerken,

— Helâlar çok pis, diyorlar.

Bu yargı gecikmiş bir rönesansın ilk müjdesidir.

7.9.1982

ATOMDAN ETKİLENMEYEN
TEK YARATIK: AKREP

Bir atom savaşının ölümcüllüğüne karşı, toplumların yaşam direncini yükseltmenin yollarını arayanlar, yavaş yavaş bakışlarını hangi yaratığın üstüne doğru çeviriyorlar biliyor musunuz?

Akrebin.

1960'lı yıllarda yapılan atom bombası denemelerinde, radyasyonlardan en az etkilenen yaratıkların akrepler olduğu saptanmış. Akrepler, insanlara oranla, atom bombalarının kavuruculuğuna karşı iki yüz kat daha dirençliymişler.

Bunun nedenleri araştırılmaya başlanmış ve önce şu soruya bir yanıt bulunmak istenmiş:

Yeryüzündeki yaratıkların en eskisi olan ve beş yüz milyon yıllık bir geçmişe sahip bulunan akrepler, nasıl oluyor da bu kadar yeni ve korkunç bir silaha karşı, bu ölçüde bir dayanıklılık gösterebiliyorlar?

Sonra düşünülmüş ki beş yüz milyon yıllık bir süreç içinde, dünyamızda radyoaktivitenin şimdikinden çok daha yoğun olduğu dönemlerden geçildi. Akrepler bu zorlu dönemlerden arta kalmayı başarmanın mucizesiyle, binlerce ve binlerce yıllık bir var olma savaşımı sonunda, radyoaktiviteye karşı bağışıklık kazandılar... Solunum düzenlerinde "hemosiyanin" adı verilen bir proteinin oranıyla, kanlarında "torin" adı verilen bir "aminoasit"in oranı arttı. Ayrıca sinir düzenleri, dilediklerinde metabolizmalarını çok ağır çalıştırabilecek bir olanağa kavuştu.

Bu bazı yaratıkların kış uykusuna benzer bir ayarlanma... O nedenle akrepler soğuğa da, açlığa da, ateşli hastalıklara da, havasızlığa da, akıl almaz bir güçle karşı koyabilmedeler...

* * *

Burada doğanın acı nüktesi bir şahmerdan gibi inmede insanın kafasına: "Birbirinize yapmaya kalktığınız akrepliklerden sakınmak istiyorsanız, akreplerdeki özellikleri de elde etmeye uğraşınız." Atomu, hidrojeni, kobaltı yaptın mı, kendi yarattığın belalara karşı ayakta kalabilmek için, "hemosiyanin"lerini "torin"lerini artıracak ve iç organlarının çalışmasını en alt düzeye indirmesini bereceksin. Yani sade saldırı yönüyle değil, savunma yönüyle de tam akrep gibi olacaksın...

* * *

Ne var ki bilimciler, insan vücudunun akreplerdeki özelliklere göre değiştirilemeyeceğini iddia etmedeler, ama yine de atoma karşı toplum savunmasıyla uğraşanlar, meraklarını akreplerdeki garip bağışıklık gücünden kurtaramıyorlar. İçlerinde, tüm ayrıntılarıyla akreplere benzeyebilmek özlemi kıpırdayıp duruyor.

Onca aşamalardan sonra insanlığın vara vara vardığı özlem sınırlarından biri de bu...

* * *

Böyle bir arantıdan haberli olan bir sinema yönetmeni, kimbilir ne ilginç fanteziler yaratabilirdi...

Diyelim ki insanlar kendi saldırılarına karşı kendi savunmalarını da geliştirmek isterken akrepleşmeyi başardılar...

Nükleer silahların mantar tabancasından ötede, korkutuculuğu kalmadı.

Dünyayı darma duman etseler bile, insanları öldüremez oldular...

Acaba bir mutluluk mu kaplardı insanlığı, yoksa ağzı köpüklü bir öfke mi?

Hiç kuşkusuz bir bölümünü öfke, bir bölümünü mutluluk kaplardı. Kimleri öfke kaplardı, kimleri mutluluk?

Sinema yönetmeni snopsisinin burasına gelince, acaba neyi görecekti? Belki de hiç beklenmedik bir şeyi, yaşlıların gençlerden daha çok öfkelendiğini görecekti.

* * *

Ölümcül güçlerin artırılmasında, yaş kuşaklarının payı arandığı zaman, orta yaşı geçmişlerin etkenliği daha çok çıkıyor ortaya...

İnsanlar akrep olarak doğmuyorlar ki, olsa olsa zaman içinde akrepleşmeye başlıyorlar. Onun da yok edici yönünden kendini koruyucu yönüne tam atlayamadan, göçüp gidiyorlar...

Atom bombaları on yaşındaki çocuklardan değil, saçı sakalı ağarmış insanlardan miras kaldı dünyaya...

13.1.1984

GÜNEŞ ENERJİSİ

"ECOLOGİE" sözcüğü son on beş yılda "Biyoloji" dalından dışarı fırlayarak, siyasal edebiyata girdi ve ön plana doğru tırmanmaya başladı.

Eski Yunanca'da "Oikos" konut, "Logos" da bilim demek. "Ecologie" sözcüğünün kökenini, eski Yunancadaki bu iki sözcüğün karması oluşturuyor. Yani Türkçe karşılığı "Konut bilim"... Ancak mimarlıkla hiçbir ilişkisi olmayan bir "Konut bilim" bu. Biyolojide canlıların doğal çevreleriyle olan alışverişlerini inceleyen dala bu ad verilmiş.

Endüstriyle teknolojinin gelişmesi, çevre kirlenmesini genişleterek, doğal dengeleri bozmaya ve canlıların yaşam ortamlarını tehdit etmeye başlayınca, "Ecologie" de, biyolojiden siyasal platforma atlayarak, yeni bir akımın bayrağını dalgalandırmaya girişti.

"Ecologiste"lere göre dünya için en büyük bela, çevre kirlenmesiyle birlikte bozulmakta olan doğa dengesidir.

Önce bu önlenmedikçe, hiçbir kuram ve program insanlığı mutluluğa kavuşturmaya yetmeyecektir.

Başlangıçta pek romantik ve pek soyut görünen bu iddia, yavaş yavaş can çekişmeye başlayan denizler, ormanlar, kuşlar ve balıklarla, ister istemez dikkatleri kendine doğru çekiverdi.

Çeşitli ekonomik görüşleri savunan siyasal örgütler, önceleri "Egoloiste"lerin de kendi paralellerinde olduklarını belirtmeye kalktılar. Ama "Egoloiste"ler, parti programlarıyla doktrinlerin hepsini kıyıya itip öncelikle enerji kaynaklarının doğaya uygun olarak kullanılmasını istiyor ve böyle bir değişimin, insanlıkla ilgili tüm sorunları kendiliğinden çözeceğini savunuyorlardı.

Gerek kömür, gerek petrol, gerek atom enerjisi insanlığın felâketi olmuştu, savaştan sümürüye, kanserden ruhsal bozukluklara kadar tüm belâların kaynağı, endüstride kullanılmakta olan enerji kaynaklarıydı. Canlıların yaşam ortamlarını da mahveden bu ejderlerle oynaşmaktan vazgeçip, hem çok daha sağlıklı, hem de bedava olan güneş enerjisini bir an önce kullanmaya başlamak şarttı.

Ancak yapılan hesaplar, insanlığın güneş enerjisini doğru dürüst 2040'lardan sonra kullanabileceğini ortaya koyuyordu.

"Ecololgiste"ler bu uzak tarihin daha yakına alınması için herkesin seferber olmasını istiyorlardı.

* * *

Gerçekten de güneş enerjisi, her türlü üretimde kullanılabilen tek enerji olsa, insanlığın sorunları kendiliğinden çözümlenecek miydi? Hiç değilse petrol o görkemli tahtından inecek, Yakındoğu'daki petrol bölgeleri "Ha patladı, ha patlayacak" diye herkesin yüreğini ağzına getiren birer dinamit fıçısı olma durumundan çıkacaktı.

Petrol egemenliği çekişmeleriyle petrol fiyatlarındaki artıştan kökenlenen ekonomik bunalımlar sona erecekti.

Gelişmiş ve gelişmekte olan ülkeler hesaplarını petrol üstüne yapmayacaklar, zaman zaman benzin istasyonlarında araba, kamyon kuyrukları uzamayacak, kışları da kimse akaryakıt darlığından ötürü çene atmayacaktı.

Kent santrallerine alabildiğine depolanmış güneş enerjisi, yeryüzünde yaşayan herkese yetecekti.

Enerji sorunu bedava olarak çözümlendikten sonra, kavga etmenin nedenleri ola ki büyük ölçüde azalacaktı.

Güneş enerjisiyle otomatik olarak işleyen fabrikalar, dünyada yaşayan herkese bol bol yetecek kadar üretim yapacaklardı.

Bunların artıkları eskisi kadar zehirli karışımlarla akarsuları ve denizleri kirletmeyeceklerdi. Kömür, petrol ve radyoaktiften arıtılmış kalıtımlardaki kimyasal zehirleri dağıtmak, sanıldığı kadar zor olmayabilirdi.

Denizler canlanacak, balıklar bollaşacak, kuşlar şenlenecek ve doğa dengesi eski uyumuna kavuşacaktı.

Böyle bir sonuca ulaşmak için çetrefilli doktrinlere sarılarak, kim kimin gözünü patlatacak diye hır gür içinde yaşamı ziyan zebil etmenin anlamı yoktu.

Bir an önce güneş enerjisini kullanmaya geçmek her türlü muzurlukla gözü dönmüşlüğün sona ermesi için yeterliydi.

* * *

Gerçi Türkiye gibi bazı ülkeler, doğanın kendilerine lütfedip verdiği akarsuların yarısını hatta dörtte birini bile enerji üretiminde kullanamıyorlardı ama akarsuları enerjiye çevirmek için gerekli barajları yapmak kolay değildi. Hem çok pahalıydı hem de çok zaman alıyordu.

Güneş enerjisini depolayacak santralleri kurmak ise çok daha kolay olacaktı. "Ecologiste"lerin savundukları tezler beş aşağı beş yukarı bunlardı. Bu akımın henüz Türkiye'ye yeterince yansımamış olması, herhalde slogan modasındaki yerini alamamış olmasındandı...

Yeni sloganlar üretmek de eski alışkanlıklara ters düşüyordu. "Tek enerji güneştir", "Güneşten başka enerjiye hayır", "Birbirimizi değil, güneşi kullanalım" gibi sözler bulmak gerekiyordu. Bunun da kimsenin keçisine kış demediği için, kimseyi kızdıracak bir yönü yoktu. Ortalığı kirletmemek koşuluyla -ki zaten Ecologie ortalığı kirletmeye karşıydı- güneş enerjisinin savunmasını yapmak, hem yeni, hem bilimsel, hem renkli ufuklar açabilirdi topluma...

Şimdi yine bazıları "Güneş enerjisiyle uğraşmanın sırası mı?" diyecekler. Niye sırası olmasın? Madem toprağın altındakini yeterince bulamıyoruz, belki göktekini daha kolay kullanırız. Zaten ilk ecologiste de Nasreddin Hoca'dır. Kevgirle ayışığını ilk taşımaya kalkan odur. Onun yaptığını biz niye yapmayalım? Şimdiye dek yaptıklarımız onunkinden daha da başarılı olmadı zaten.

28.9.1980

UZAYDAKİ BAKTERİLER

Cambridge'deki Kuramsal Astronomi Enstitüsü'nün kurucusu Sir Fred Hoyle, "Evrenin Aklı", "The İntelligent Universe" diye yeni bir kitap yayınlamış. Bu kitapta ne Gana'nın durumuyla ilgileniyor, ne Lübnan'ın durumuyla... Neyle ilgileniyor biliyor musunuz, bizi hiç ilgilendirmeyen bir konuyla; yaşamın dünyaya uzaydan geldiği konusuyla...
Onun iddiasına göre yaşam bir rastlantı olarak belirmemiş dünyada; yaratıcı bir zekânın güdümünde uzaydan gelmiş. Hem de, başka galaksilerdeki daha gelişmiş uygarlıklar tarafından falan değil; evrendeki görünmez zekânın, kozmosdaki tüm değişimlere karşın, ille de yaşamını sürdürme inadı sonucu...
Sir Fred Hoyle özellikle, Venüs'ün Jüpiter'in ve Satürn'ün atmosferlerinde saptanmış olan bakteriler üstünde duruyor. Bu tür bakterilerin, göktaşlarıyla birlikte dünyaya gelebilme olasılığını, matematiksel olarak kanıtlamaya çalışıyor...

* * *

Bu bakterilerin üç yüz altı derece sıcağa dayanabildikleri kanıtlandığına göre, göktaşlarıyla birlikte dünya atmosferine girdikleri zaman, sürtünme sıcaklığından yanıp kavrulmaları sözkonusu değilmiş... 0.01 cm. çapında bir bakteri kolonisi, saatte otuz iki bin kilometrelik bir hıza ve o hızın atmosferle sürtüşmesinden çıkan sıcaklığa bal gibi dayanabilirmiş...

Şimdiye dek, hiçbir bilgin böyle bir hesap yapmamış...

Uzayda bakteri bulunduğu saptandığına göre, bu bakteriler de dünyadan oraya gitmediğine göre, bunların uzaydan geldiğini kabul etmek gerekiyormuş.

* * *

1960'lı yıllarda, Amerika Birleşik Devletleri, dünyadan kırk kilometre uzağa, yani stratosferin sınırlarına birçok araştırma balonu göndermiş. Ve bu balonlar, tüm bilginlerin şaşırıp kalmasına neden olan bir gerçeği ortaya çıkarmışlar. Stratosferin sınır üstünde canlı bakteriler varmış.

Birdenbire bu araştırılar durdurulmuş. Araştırıcıların dahi anlayamadığı bir nedenle bu konuya ayrılan ödenekler kesilmiş.

Sir Fred Hoyle şöyle diyor:

— NASA'nın Mars'ta yaşam olup olmadığını saptamak için yüz milyonlarca dolar harcarken, elli kilometre yükseğimizde rastlanmış olan canlı bakteriler sorununu havada bırakması, bana da olacak şey değilmiş gibi görünmüştü...

Bu sorun bir ölçüde Sovyetler tarafından çözümlenmiş.

1979'da bir Sovyet bilim örgütünce yayınlanan bir bildiride, dünyadan yetmiş beş kilometre uzaklıkta yapılan araştırmalarda, otuz değişik tür canlı bakteri belirlendiği açıklanmış. Böylece stratosferin ötesinde, yani uzayda bakteriler bulunduğu iyice kanıtlanmış.

Bu canlılar, kimyasal maddelerin bir rastlantı olarak, belirli bir oranda bir arada bulunmaları sonucu mu gerçekleşiyorlar, yoksa onları bizim bilmediğimiz, evrene özgü bir zekâ mı oluşturuyor?

Henüz bilimcilerin hiçbir yanıt bulamadığı soru da bu zaten...

Sir Fred Hoyle ise evrenin kendine özgü bir aklı olduğu inancında.

* * *

Bu kategorideki araştırmalar, bizde henüz hiçbir ilgi uyandırmıyor. "Kim kimi nasıl yönetecek ve o arada cebe giren paralarda bir artış yahut azalma olacak mı?" sorusuna, en azından bir fiske yaklaşım yapmayan, değişik içerikteki başka planlara ait anlatımlar genel bir umursamazlıkla karşılanıyor. Buna sanat da dahil, astronomi de...

Eşek semeri onarıcısı eşek semeri onarımının, takunya tasmacısı da tasma yapımının kazanç bölümüne değinmeyen bir konuyu, öylesine gereksiz görmeye alışmış ki; o düzeydeki merakları yelpazelemekle yetinme koşullanması da, hemen hepimizi aynı bostan dolabının "dön baba dönelim"ine koşmuş.

Uzaydaki bakterilerin varlık kaynağını araştırmanın eşek semeri onarımıyla, takunya tasması yapımından çok daha büyük olanaklar sağlayabileceği düşüncesi ise, öylesine kendi çağımıza ters geliyor ki, böyle bir yaklaşımı hiçbir biçimde beynimize sığdıramıyoruz. Ve ağızlarımızdan, kimsenin küçümsemeyeceği kadar kendimizi küçümseyen bir soru çıkıveriyor:

— Biz kiiiim... uzayla uğraşmak kim?

* * *

Peki ama neden? Bu yetersizliğin kökeni nerede? Zekâmız mı düşük, kafa yapımızda mı bir eksiklik var, yaratıcı gücümüz mü yok?

Kendimizde başkalarının uğraştığı konularla uğraşacak aşamayı görmemeyi, salt eğitimsizliğe de bağlayamayız. Böyle bir eğitimi yaratamamış olmanın da sorumlusu yine toplumun kendisidir çünkü... Her toplum, kendi eğitimini kendi biçimlendirir. Biz ise birilerinin bizi eğitimsiz bıraktığına, o yüzden aşamalı olamadığımıza kendimizi inandırmak istiyoruz. O birileri kimdir? O birilerinin iradesini neden toplumun dinamizması aşamamıştır? Hiçbir toplumun gelişmesini, ne başka birileri sağlamış, ne de tümden engelleyebilmiştir.

* * *

Bizdeki kösteklenmenin düğümü nerededir? Beslenme kötülüğünde mi, doğaya ters düşüp, kadınlı toplum olamayışta mı, merak dürtüsünün kıpırtısızlığında mı, asıl yaşamı ölümden sonraya erteleme inancında mı, nerede?

Şimdilik, sadece "mikro-organizma" boyutlarındakiler saptanmış olsa da, uzayda canlı bulunduğu artık biliniyor. Biz neden kendi çalışmalarımızla öğrenemiyoruz bunları? Bunları öğrenebilecek bir araştırı ve çalışma gücümüz olsa, çözümüne çare bulunmasını istediğimiz mahut ve malûm sıkıntılarımız da, çok daha kestirmeden eriyip gitmiş olmaz mıydı?

Bu kadarını dahi düşünmek istemiyoruz. Düşünmek istemiyoruz ve düzelmek istemiyoruz.

Uzaydaki bakteriler bile bu çelişkiye herhalde şaşıyordur.

GÜNEŞTEN YÜZ MİLYON KEZ

Güneşin çapını bilip bilmemenin günlük yaşamdaki önemi ne kadardır?

Bu soru aslında tuzaklı bir sorudur. Güneşin çapını bilip bilmemenin günlük yaşamda hiçbir önemi yokmuş gibi gelir insana. Oysa güneşin çapını merak edecek bir düzeye gelmiş olmak, uzay matematiğiyle özdeş olacak bir düzeye gelmiş olmak sayılabilir ki, şayet bir toplum bin yıllık geçmişi içinde böyle bir merakın hamurunu da yoğurarak gelişmişse, o toplumun yaşamında kendiliğinden oluşan matematiksel bir uyum dikkati çekmeye başlar.

Gelişmiş toplumlarla gelişmemiş toplumlar, günlük yaşamlarında matematiksel bir uyumu gerçekleştirebilen toplumlarla, bunu gerçekleştiremedikleri için kargaşadan kurtulamayan toplumlar diye de tanımlanabilir. Bunun özeti örgütlenebilen toplumlarla örgütlenemeyen toplumlar demektir.

Güneşin çapıyla matematiksel uyum ve toplumsal örgütlenme esprisi arasında, birbirini sulayan beyinsel bir yankılaşma vardır.

Güneşin çapı 1.4 milyon kilometredir. Uzayın değerlendirilmesinde güneşi birim olarak almanın alışkanlığıyla yirminci yüzyılın sonuna kadar rahatça gelinmiştir. Ama artık astronomide güneşi birim olarak almak yetersiz kalacak gibi görünüyor.

Dünyadan yüz altmış beş bin ışık yılı uzaklıkta (ışık saniyede üç yüz bin kilometre gittiğine göre, yüz altmış beş bin yıldaki saniyeleri hesaplayıp onu da üç yüz binle çarpmak gerekir bu uzaklığı bulmak için) hidrojen gazından oluşan bir yıldızlar bulutu bulunmaktadır. Bu bulutun adı "Büyük Magellan Bulutu"dur.

* * *

Şimdi bilginler bu ışık bulutunun içinde bir tek süper yıldızın mı, yoksa çeşitli yıldızlardan oluşan bir yıldız kümesinin mi bulunduğunu tartışmaya başlamışlar.

1978 yılında Amerika-Avrupa işbirliği sonucu atılan bir uydunun verdiği bilgilere göre, "Büyük Magellan Bulutu"nun bir tek süper yıldızı saklama olasılığı, gitgide artmaktadır. Bu süper yıldızın çapı güneşin çapının yüz katı, ışık gücü ise güneşin ışık gücünün yüz milyon katıdır. Büyüklüğü de güneşin büyüklüğünün dört bin katıdır.

Bir yıldız düşünün ki güneşten dört bin kez daha büyük ve yüz milyon kez daha ışıklı... Ancak bu yıldızı kesin olarak saptayacak teleskop henüz yapılmamıştır. O teleskop da birkaç yıla kadar yapılacak ve yeryüzünden yüz altmış beş bin ışık yılı uzaklıktaki ışık bulutunun sırrını çözecektir.

Çözecektir de ne olacaktır, diye de düşünülebilir. Ve uzayın keşfi uğraşmalarıyla günlük yaşam arasında hiçbir ilişki bulunmadığı sanılabilir.

Peki ama yeryüzünden yüz altmış beş bin ışık yılı uzaklıktaki bir yıldızı saptayabilecek bir teleskobu yapmak için gerekli teknik birikimin, günlük yaşamda hiçbir etkisi yok mudur?

O teknik birikim olmasa şu veya bu kıtada spor karşılaşmalarını uydular aracılığıyla TV'de izleme olanağı bulunabilir miydi? Sade spor karşılaşmalarını değil, ilginç ameliyatlardan, siyasal konuşmalara kadar her şeyi her yerden izleyebilme olanağı doğmuştur bugün...

* * *

Köy bakkalının çırağı, sattığı gazla tuzun hesabını sigara paketi büyüklüğünde elektronik bir hesap makinesiyle yapmaya başlamışsa, orada kimsenin farketmediği bir devrim çiçek açmaya başlamış demektir.

Çamaşır yıkarken leğenin dibindeki transistörden ister istemez Ravel de dinleyen bir köy kızının değişmekte olan donatımı, elbette büyükannesininkinden farklı olacaktır.

İnsanlıkta çok hızlı bir tempoya doğru yönelen bu değişimi, güneşin çapını merak edenlere borçlu olduğumuzu kimse yadsıyamaz.

* * *

Güneşten dört bin kez daha büyük ve yüz milyon kez daha ışıklı bir yıldızı görecek bir teleskobun yapımı, uzay ışınlarının da üstümüzdeki etkilerine yeni yorumlar getirecektir. Bu ışınların bizlere neler verip bizden neler götürdüğü henüz tam bilinememektedir. Ayın dahi sinirlerimize nasıl bir etki yaptığının tam bilincinde değiliz. Belki de öfkelerimizi, saldırganlık güdülerimizi, ruhsal bunalımlarımızı büyük ölçüde bu ışınlar azaltıp çoğaltmaktadır. Şayet böyleyse ve bunu ayarlamanın da egemenliği insanın eline geçerse, sağlık sorunlarının çözümü için çok değişik bir alan daha açılmış, daha doğrusu iyice geliştirilmiş olacaktır.

Güneşin çapını yahut "Büyük Magellan Bulutu"nu merak etmenin, günlük yaşam üstüne kaydırıverdiği akıl almaz boyutlardaki etkilerdir bunlar.

Artık hiçbir toplumu, bu tür etkilerin dışında sanma olanağı yoktur.

Çok kısa zamanda insanlar kol saatlerinde taşıyacaklardır telefonlarını ve bulundukları yerden diledikleri yerle konuşabileceklerdir.

Yüz yıla kadar insanın dahi dilediği an kendisini ışığa dönüştürüp aynı anda bir başka yerde olabileceği öngörülmektedir.

Uzay hesaplarının insanların küçük hesaplarını usulca kendi içinde eritmeye başladığı bir evreye doğru gidiyoruz. Bunun getireceği özgürlük ve mutluluklar, insanla evrenin bütünleşme çağını başlatacaktır. Çünkü aslında insanın çapı evrenin çapıyla eşittir.

6.9.1981

ÇEKİRDEK FİZİKTE BİR "İNEK" REÇETESİ

Avrupa Nükleer Araştırma Merkezi son olarak neyin formülünü bulmuş biliyor musunuz? Vallahi bin yıl düşünsem aklıma gelmezdi; "inek"in formülünü, daha sağlıklı bir anlatımla "inek"in reçetesini bulmuş...

Bu reçeteyi aynen uygulayabilirseniz, bir boğayla bir başka ineği seviştirmeye gerek kalmadan, dört dörtlük gerçek bir inek yapabiliyorsunuz...

Bir ineği "karbon", "oksijen" "hidrojen", "azot" atomları oluşturuyormuş.

Eh, buraya kadarını anlamak o kadar zor değil.

Ancak sorun, bu atomların nasıl elde edilebileceğine gelince, biraz çetrefilleşiyor. Örneğin hidrojen atomunu elde edebilmek için, birbirinin çevresinde dönen bir "proton"la, bir "elektron"a gerek var...

"Karbon"un atomunu oluşturmak ise o kadar basit görünmüyor. Altı "proton"u, birbirine iyice kenetlenmiş altı yahut yedi "nötron"la ve ayrıca altı "elektron"la birleştireceksiniz.

* * *

İnsanın buralarda başlıyor azıcık kafası karışmaya...

Çünkü her "element"in atomu, değişik sayıdaki "proton", "nötron" ve "elektron"ların birleşmesiyle sağlanabiliyor...

Bir inek yapmak için kaç "element" gerekiyorsa, önce her birinin değişik dengelerdeki "proton", "nötron" ve "elektron"lardan oluşan atomlarını hazırlayacaksın...

Sonra da bu atomlardan "molekül"leri geliştireceksin. Örneğin "su"yun "molekül"ü, o kadar zor değil. İki atom "hidrojen"le bir atom "oksijen"i birleştirince, bir su molekülünü elde edebilirsin. Ama öyle moleküller var ki, onları gerçekleştirebilmek için, yüzlerce atomun biribiriyle nikâhını kıymak şart...

Ve bu moleküllerle milyarlarca can hücre üretecek, ineğin ham maddesinin özünü bir yana yığacaksın. Bu hücreleri belirli bir zaman ve plan içinde bütünleştirince de, ortaya bildiğimiz inek çıkacak...

* * *

Fizikle kimyada başarılı olan bir lise öğrencisi için, inek reçetesinin buraya kadar olan bölümünü anlamak, azıcık çapraşık görünse de, büsbütün Çin bulmacası sayılamaz...

Aferinli lise öğrencilerinin değil, benim diyen fizik bilginlerinin de üstesinden gelemedikleri sorun, "proton"larla "nötron"ların nasıl sağlanacağıdır?

Çünkü "inek reçetesi", değişik dengelerde, değişik atomları oluşturan "proton"lar, "nötron"lar, "elektron"lardan yola çıkmaktadır.

Ne var ki, bunlar da bakkallarda satılmamaktadır.

Bir "proton" da kendi içinde daha küçük parçacıklara ayrılmaktadır. Bu parçacıklara "Kuarks" adı verilmektedir. İki "u" tipi "kuarks" ile, bir "d" tipi "kuarks"dan bir "proton" yapabilirsiniz... "D" tipi iki "kuarks" ile "u" tipi "kuarks"dan da bir "nötron..."

Hemen bunalmayın canım.

O zavallı boğa ile dalgın ve yorgun gözlü inek, sevişirlerken aynı zamanda ne deli pöstekisine benzer sorunların üstesinden gelmekteler, düşünün...

* * *

Bilim dünyasında uzun yıllar "atom", maddenin en küçük birimi olarak bilinir ve bu birimin asla parçalanamayacağı sanılırdı...

Atom çatır çatır parçalanıverdi. Atomun parçalanmasına yüreciği dayanamayan dünya da ortasından çatlamış karpuz gibi, ikiye bölünüverdi...

Çekirdek fiziğiyle uğraşanlar ise atomu parçalara bölmekle yetinmediler. Atomun parçalarını da daha başka parçalara bölmeye kalktılar...

1964'te Amerikalı Fizikçi Murray Gell Mann, "proton"larla "nötron"ları değişik dengelerde oluşturan parçacıklara, James Joyce'un bir romanındaki sözcükten esinlenerek "Kuarks" adını taktı...

* * *

Evrende ne varsa, bu parçacıkların değişik dengelerdeki birleşimlerinden oluştuğu bilinmede... Böylece "madde"nin sırrı çözülmek üzere... Sadece henüz tam yakalayamadıkları bir parçacık daha var ki, ona da peşin peşin "ZO" adını takmış bulunuyorlar. "ZO"nun "Artı W" ve "Eksi W" dedikleri iki ayrı parçacıkla birarada "kuarks"lar arasında aracı bir rol oynadığını düşünüyorlar. Bunu kanıtlayabilen bilgin şıpın işi Nobel Fizik Ödülü'nü alacak...

Böyle bir deney için gerekli fizik laboratuvarının yirmiyedi kilometre uzunluğunda, tünele benzer görkemli bir boru biçiminde olması gerekiyormuş. Yapımına başlanmış olan laboratuvar, 1987'lerde bitecekmiş... Ve seksen yedi milyar Türk Lirasına malolacakmış...

Anasız babasız bir inek yapabilmek için, harcanan şu çabalara bakın...

Sanki o canım koca memeli ineklerle, dik boynuzlu boğaların suyu çıktı...

* * *

İspanya'nın güney köylerinden birinde, sabahın kör karanlığında sekiz yaşındaki Pedro, peşinde bir inekle yolda giderken, köyün papazına rastlamış.

Papaz,

— Merhaba Pedro, bu saatte nereye gidiyorsun bu inekle, diye sormuş.

Pedro,

— İneği, demiş, boğaya çektirmeye gidiyorum...

Papaz başını sallaya sallaya, "tövbeler olsun..." gibi bir şey mırıldandıktan sonra, dik bir sesle,

— Baban yok muydu evde, bu işi yapmak için, demiş.

Pedro boynunu bükmüş,

— Babam yapamıyor papaz efendi, demiş, mutlaka boğa gerekiyor.

Çekirdek fizikçiler ise evrenin anasıyla flörtte, boğaları da çok gerilerde bırakmayı akıllarına koymuşa benziyorlar...

25.8.1982

KÜÇÜK KURTLARLA FARELER ÜSTÜNDE "RNA" DENEYLERİ

İnanın, bilimsel konularla uğraşmak, politik konularla uğraşmaktan çok daha çekici, çok daha ilginç...

Örneğin, canlılarda belleğin ne olup ne olmadığı konusundaki araştırmalar hızla ilerliyor...

Bellek, bilginin depolandığı merkez, beyinde midir, yoksa vücudun bütün hücrelerinde midir; bir canlının belleği, bir başka canlıya aktarılabilir mi; belleği geliştiren öğeler nelerdir; dünya üniversitelerinin laboratuvarlarında didik didik inceleniyor...

Son olarak bu alanda Dr. Serol Teber'in çalışmalarından bazı sayfalar okudum.

Bir-iki santim boyunda bir kurtçuk olan "Planarya"larla yapılmış bazı deneyleri anlatıyordu.

Kurtçukları önce elektrik şokları yahut ışık şoklarıyla koşullandırıyorlar..

"Planarya"ların bir özelliği, ortalarından bölündükten sonra da, kuyruk bölümlerinin kendilerini onarmaları ve yeniden başla kuyruklarını geliştirebilmeleri...

Koşullandırılmış bir "Planarya"yı, ortasından kestikten sonra, kuyruk bölümünden gelişen yeni "Planarya", koşullanmamış bir "Planarya"ya oranla, yapılan uyarılara çok daha çabuk yanıt veriyor...

* * *

Bu neyi kanıtlıyor?

Şunu kanıtlıyor:

"Planarya"larda vücudun ön bölümü, arka bölümü yönetir. Ön bölüm, arkaya egemendir. Hayvan ortadan kesilip eski kuyruk bölümünden yeni bir baş üretince, bu yeni baş, bellek açısından daha bir gelişmişlik gösteriyor.

Demek ki hayvanın kesilmesinden önce kendisine verilmiş bilgiler, sinir yollarıyla bütün vücuda, bu arada kuyruk dokularına da geçmekte, ikiye bölündükten sonra da, kuyruğun geliştirdiği yeni başa aktarılmaktadır...

Burada karşımıza şaşırtıcı bir gerçek çıkmaktadır...

Bilgi, yahut öğrenme, canlının vücudundaki bütün dokularda bazı kimyasal değişiklikler yapmaktadır. Ve öğrenilen bilgileri bu kimyasal maddeler depolamakta, arşivlemektedir.

Bu kimyasal madde de saptanmıştır. Çalışan hücrelerde, hücreyi oluşturan "Ribonükleik asit" yani "RNA" artmaktadır. Bu asit aracılığıyla koşullandırıldıktan sonra ikiye bölünmüş bir "Planarya"nın kuyruk bölümünde depolanmış bilgi, yeni geliştirilen başa geçmektedir...

* * *

Bu bulguyu doğrulayan bir başka deney de şudur:

"Planarya"ların bazıları yamyamdır. Yamyam "Planarya"lara ışık ve elektrik şoklarıyla koşullandırılmış "Planarya"lar yedirilmektedir...

Koşullandırılmış kurtları yiyen yamyamlar, normal "Planarya"lara oranla uyarılara çok daha çabuk yanıt vermektedirler.

Bilim adamlarının nelerle uğraştıklarını görüyor musunuz?

Ayrıca koşullanmış kurtları yiyen yamyam "Planarya"larla, normal kurtları yiyen yamyamlar arasında da bir kıyaslama yapılmıştır...

Birincilerin bellek üstünlüğü hemen ortaya çıkmıştır.

Derinleştirilen incelemelerde koşullanmış hayvanlardaki "RNA" (Bilgiözü)'nın, gıda yoluyla da geçtiği anlaşılmıştır.

* * *

Şimdi sıkı durun, bundan sonraki bölüm daha da şaşırtıcı ve düşündürücü.

Koşullandırılmış kurtlardan alınan "RNA", normal kurtlara şırınga edildikten sonra, bunların gösterdiği bellek üstünlüğü ortaya çıkınca, onlardan gelen kuşaklara da aynı işlem yapılmıştır. Dördüncü kuşak, ilk kuşaktan beş kat daha başarılı olmuştur.

"RNA" verilmiş ilk kuşak, uyarılara beş yüzüncü deneyde yanıt verirken, dördüncü kuşak, yüz deneyde yanıt vermeye başlamıştır. Böylece bilgi depo edilmiş "RNA"nın kuşaktan kuşağa geçirilmesiyle, öğrenme yeteneği gerçekten artırılmış ve üstün bir grup hayvan elde edilmiştir.

* * *

Canlının yetişmesinde çevrenin etkinliği yanında, kalıtımsallığın oynadığı rolün de ortaya çıkmaya başlaması, büyük ve yeni tartışmalara yol açmakta, "Yeni sağ" adı altında biyolojik verilere dayanmak isteyen tehlikeli bir ırkçılığı körüklemeye yönelmektedir.

Gelişmiş ülkelerde uç veren bu tehlikeli ırkçılık, gelişmemiş toplumların, hiçbir zaman gelişmişleri dengeleyecek düzeye gelemeyecekleri savına kadar uzanmak istemektedir.

Buna yine ilerici bilim adamları şiddetle karşı çıkmaktadırlar. Ve kişide kalıtımsallığın oynadığı rolün oranlarını araştırmaktadırlar.

Ne var ki hücrelerde bilgi depo ettiği anlaşılan "RNA" gerçeği, psikolojide yeni bir dönem açmış gibidir.

* * *

Psikoloji Profesörü A.J. Jcobson'un farelerle yaptığı bir deneyi de anlatmaya çalışalım.

Bir grup fareye, belirli bir ses duyunca, yiyecek kabına koşması öğretilmiştir. Koşunca da kendileri yiyecekle ödüllendirilmiştir.

Bu farelerden alınan "RNA", eğitilmemiş farelere enjekte edilmiştir.

Yeni fareler de, aynı sesi duyunca, yiyecek kutusuna koşmaya başlamışlardır. Hem de ödüllendirilmeye gerek kalmadan.

Bir başka grup fare ise, belirli bir ses yerine, belirli bir ışık yanınca yiyecek kutusuna koşmak için eğitilmiştir.

Işığı görünce koşan farelerden alınan "RNA", normal farelere şırınga edilince, bu fareler de, aynı ışığı görünce eğitilmemiş oldukları halde yiyecek kutusuna koşmaya başlamışlardır...

Ve sonuç olarak saptanmıştır ki, sese koşullanmış farelerin "RNA"sı ile ışığa koşullanmış farelerin "RNA"sı aynı değildir. "RNA" neyi depo ettiyse, aktarıldığı canlıda onu değerlendirmektedir.

Bunun ortaya çıkması, toplumların eğilimleri arasındaki farklar açısından da ilginç görünmektedir...

* * *

Bellek'in gizleri bilimsel olarak çözüldükçe, kimbilir daha neler çıkacaktır ortaya... Ve böylece düzenlerle tarihsel koşullanmalar, koşullanmalarla kişiler, kişilerle gösterdikleri tepkiler arasındaki ilişkiler, çok daha geniş boyutlu bir tabloda izlenebilir olacaktır.

9.6.1980

UYGARLIĞIN GELİŞİMİNE SIÇANLARLA DOMUZLARIN YAPTIĞI KATKI

Tam gelişmemiş toplumların özellikle yarım aydınlarında, ayak üstü karşılaşmalardan, ev sohbetlerine ve telefonla hal hatır sorma konuşmalarına kadar, her fırsatta konuyu hemen toplum sorunlarına getirme tutkusu, henüz cinsel yaşama karışmamış taze gençlerdeki sevişme merakı kadar alevli...

Çoğunlukla bilimsel temellere dayanan ciddi araştırmalara girme zahmetine de pek katlanmadan, "Tanrı vergisi bir sezgi" yöntemiyle her sorunun üstünden şıpın işi geliverme becerisini olağanüstü iyi gösteriyorlar.

* * *

Geçenlerde bunlardan bir tanesine, biraz da şaka yollu,

— Sen, dedim, sıçanlarla domuzların uygarlığını gelişminde oynamış oldukları rolü hiç inceledin mi?

Kendisiyle dalga geçtiğimi sanarak, azıcık alınmış bir yüzle,

— Hayır, dedi.

Ve hiç beklemedikleri bir soruyla karşılaşanların, beylik tepkisine sığınarak, aynı soruyu hemen bana yöneltti.

— Peki, dedi, sen inceledin mi?

— İnceledim, dedim, uygarlık gelişiminde sıçanlarla domuzların oynamış olduğu ilginç rolü görmeden, geri kalmışlığın nedenlerine kolay yaklaşılamaz.

O, artık çok kişiye gına getiren toplumbilim amatörlüğünden usandığım için, işi alaya vurduğum kanısındaydı.

Oysa yeni araştırmalarda sıçanlarla domuzların uygarlığa yapmış oldukları katkılar üstünde uzun boylu duruluyordu.

* * *

Yedi yüzyıl önce, nüfusu pek düşük olan Avrupa köylüleri de bir tek barınağın içinde hayvanlarla, yani inekler, koyunlar, öküzler, domuzlarla birarada yaşıyorlar ve kışın onların nefes sıcaklığından yararlanıyorlardı.

Hayvanlarla birlikte yaşanan bu barınaklarda, herkes birarada yattığı için de evliler sereserpe sevişemiyorlar, aşkın tadını gereği gibi çıkaramıyorlardı.

Herkesin uyuduğu varsayımıyla yedi sekiz kişi arasında, geceleyin sevişmeye kalkmak da gerçekten zor iştir hani...

* * *

Ne var ki zamanla, yılda yirmi iki yavru yaptığından dünyanın en ucuz et deposu sayılan domuzlar, tüketildiklerinden daha çok üremeye ve insanlarla birlikte yaşadıkları barakalara sığmamaya başladılar...

Yedi yüzyıl öncesinin köylüleri de, çaresiz, hayvanları dışarıya çıkarmak ve o zamana kadar dışarda duran zahire ambarlarını da, içeriye almak zorunda kaldılar.

Ancak bu kez de, içeriye giren zahire deposuyla birlikte, sıçanlar hücum etti evlere.

* * *

Köylüler zahirelerini sıçanlardan korumak için, sığındıkları yerlerin içine duvarlar örmeye gerek duydular ve herkesin birarada yatıp kalktığı eski barınaklar, odalara bölünerek, bugünkü ev tipini köylerde hızlıca yaygınlaştırmaya başladı.

Böylece evlilere de kendi özel odalarında daha rahat sevişme olanakları doğdu.

Bu gelişim, kadınla erkeğin biribirine olan yaklaşımını iyice zenginleştirdi, güzelleştirdi, şiirleştirdi. Halk türkülerinde aşk edebiyatı, çapkın nükteli kıvrak ve coşturucu bir neşe kazandı...

Kadın, hayvanlarla birarada yaşanan bir barınakta, geceleri başkalarını uyandırmadan alelacele sıkış-tepiş zorlanan bir yaratık olmaktan çıktı, en büyük mutlulukları yaratan, tapılası bir sevgi simgesi oldu...

Bunun da kadın-erkek ilişkilerinin renklenip yücelmesiyle, sanata ve uygarlık gelişimine büyük katkısı dokundu.

* * *

Domuz, tüketiminin üstüne çıkacak kadar çok üreyen bir hayvan olmasa, onüçüncü yüzyıl köylülerinin sığındığı barınaklardan dışarıya taşmayacak, zahire içeriye taşınmayacak, sıçanlar zahirenin peşinden barınaklara dolmayacak, insanlar zahireyi sıçanlardan korumak için duvar örmeye girişmeyecekler, evler odalara bölünmeyecek, evliler de birbirlerinin tadını çıkararak sevişmekten yoksun kalarak, birbirlerinin gerçek değerini ve sırrını anlamayacaklardı. Bu yüzden de birbirlerine karşı tavırları, kaba sabalıktan kurtulup incelmeyecek, derinleşmeyecekti.

* * *

Geri kalmışlığa, kendince birtakım düzayak nedenler bularak "Tanrı vergisi bir sezgi" yöntemiyle toplumbilim amatörlüğünü huy edinmiş arkadaşım, bu açıklamaları dinledikten sonra, azıcık daldı:

— Doğrusu hiç akla gelecek bir neden değil ama, galiba doğru bir yanı da var, dedi.

* * *

Bazı nedenlerin akla gelmedik birtakım "doğrular"da da saklı olabileceğini hiç düşünmemişti.

7.10.1982

KUM SAATİ

Yaşamımızda gördüğünüz kum saatlerinden en büyüğü kaç dakikalıktı, anımsıyor musunuz?

Böyle damdan düşer gibi sorulan sorular, özellikle yaz sıcaklarında kişiyi bir an için de olsa sıkıntılı konulardan uzaklaştırır. Günlük hayhuyun bir yığın kördüğüm üstünde saklı tuttuğu dikkatleri, kullanılmayan pencerelere doğru çekerek havalandırır.

Günümüzdeki kum saatleri, saat olma niteliğini çoktan yitirmiş ve oyuncakçı mağazalarıyla anı eşyası satan dükkânlarda, varlığını ancak şirin bir süs olarak sürdürme çaresizliğinde kalmıştır.

Gerçi bazı titiz hanımlar yumurtayı "kayısı" kıvamında pişirmek için de mutfaklarında üç dakikalık kum saati kullanırlar ama, yumurtanın atıldığı suyun soğuk, ılık ve kaynamış olmasına göre, sonuç çokçası birbirinden farklı olur.

Kum saatlerinin boyları ise geçen çağlar içinde işe yaramazlıklarıyla orantılı olarak bücürleşmiştir. Fransa'daki konservatuvar müzesinde uyuklayıp duran, geçen yüzyıldan kalma, süresi bir saatlik kum saatlerine hemen hemen artık hiçbir yerde rastlanmamaktadır.

* * *

Kum saatleri tarihindeki böylesi bir gerilemeyi gören İtalyanlar, binlerce yıl öncesinden beri zamanı ölçmeye aklını taktırmış olan insanoğlunun bu soylu buluşuna, son bir caka fırsatı vermeyi düşünmüşler ve otuz dakikalık kum saatleri çıkartmışlar dünya piyasasına...

Her ne kadar Orta Doğu'da hızla artan gerginliğin nasıl bir yön alacağını kara kara düşünmek gibi çok önemli sorunlar dururken, İtalyanların otuz dakikalık kum saatiyle haşır neşir olması ciddiyete yakışmaz ama, Oscar Wilde'in dediği gibi, fazla ciddiyet de yaşamın ilginçliğini kaçırdığı için, biz önemli olmayan konuların da hakkı yenmesin istiyoruz.

* * *

Yarım saatlik kum saatlerinden birini gördüğüm zaman, bunun ne anlama yapılmış olduğunu katiyen çıkartamadım. Yumurta pişirmek için desen, katı yumurta bile yarım saatte katının kübü olur. Kaldı ki katı yumurta pişirmek için zaman ölçüsüne de gerek yoktur. Rafadan yumurtayı, o sırada kapı çalındığı için, ocakta unutunca, yumurta kendiliğinden katılaşır.

Film yıkarken, tanktaki birinci banyoyu ölçme süresi için desen, en bayat banyo bile yarım saatte yakar götürür filmi...

Evet ama, İtalyanlar neden yapıp piyasaya sürmüşler yarım saatlik kum saatlerini?

* * *

Kendimce çeşitli yanıtlar bulmaya uğraştım...

Bir topluluğa karşı konuşacak kişiler, yarım saatte üstü altına boşalan kum saatini kürsüye koyarak, konuşmanın ne zaman biteceğini esneye esneye merak edenlere, somut bir ölçü gösterip, "Neyse bitiyor" yardımında mı bulunmak istiyorlardı?

Yoksa biri zamansız misafirliğe geldiğinde, ev sahibi hemen saati çalıştırarak, adamın oturma süresini, poposunun altında iğneleştirmeye mi kalkıyordu? Kestirme olanağı yoktu...

Hiçbir hatip mikrofonu eline geçirmişken, kürsüye kum saati değil, kilise saati koysa, lafının uçkurunu yarım saatte toparlayamazdı. Sözler uzayıp kum saati her otuz dakikada yeniden tepetaklak edildikçe, dinleyenlerin afakanları daha çok yüklenirdi hepsinin imiğine...

Zamansız gelen misafir ise çalıştırılmaya başlayan kum saatini teklifsizce eline alıp,

— Aaa ne güzel şey bu böyle, derdi.

Ve saat boşalınca,

— Yalnız çok çabuk bitiyor, diye saati tekrar ters çevirirdi.

* * *

Öyleyse İtalyanlar ne diye yapmışlardı bu yarım saatlik kum saatini? Fırında makarna türleri yarım saatten daha çok zaman alırdı.

Çarşı pazarlığında da, müşterinin kum saati kullanması bir acayip olurdu...

Kalabalık ailelerde sabah tuvaleti konusunda adaleti sağlamak için tanınan süreyi ölçmek amacıyla da kullanılamazdı. Yedi kişilik bir ailede sonuncusunun üç buçuk saat ıkınıp sıkınması gerekirdi.

Piyasaya sürülen avuç boyu kum saatleri ne işe yarıyordu peki?

* * *

Sordum soruşturdum ve öğrendim sonunda.
İtalyanlar bu saatlere "aşk saati" diyorlarmış. Çok daha başka bir şeyi ölçüyormuş.
Tövbe tövbe...
Orta Doğu'daki gerginlik hızla artarken...
İtalya karmakarışıkken...
Sen kalk da "aşk saati" diye yarım saatte boşalan kum saatleri çıkart dünya piyasasına...
Yozlaşma mı desek, gizli bir turizm propagandası mı desek, Akdeniz sululuğu mu desek...

* * *

Neyse onlar yarım saatliğini yapmışlar...
Bizim kendimiz, ciddî işlerden alacak zamanımız olsa, o aşk saatlerinin Galata Kulesi boyunda olanlarını yapardık...
Kum saatinin o kadar büyüğü nerede kullanılır ki, diye de hiç sormayın.
Aramızda öyle bitirimler vardır ki, hünerlerini bir anlatmaya kalktılar mı, kum saatinin Galata Kulesi boyundaki dahi, ters döne döne, kendini gemi pervanesi sanmaya başlar...

12.6.1981

ASURLULARIN DİŞ AĞRISI
DUASI VE SENEKA

Dünyanın bizim doğumumuzdan milyarlarca yıl önce var olduğunu, bizden sonra da daha milyarlarca yıl var olacağını biliriz. Ama bu kadar geniş bir zaman parçası bizim minicik varlığımızla yaşamımızın ölçülerini çok aştığı için, düşüncemizi, "milyarlarca yıl önce ve milyarlarca yıl sonra" gerçeğinin üstüne bir türlü tam yapıştıramayız. O nedenle de bizden önceki ve bizden sonraki yaşamlar bizi pek ilgilendirmez.

Bu yıl tatilini nerede geçireceğimiz sorunu yanında, vaktiyle Asurluların nasıl yaşamış olduğunu araştırmanın, hiç önemi yok gibidir. Yaşamı, kendi takvim yıllarımız içinde görmeye koşullanmışızdır. Bu koşullanmayı biraz kırabilsek, sıkıntılarımızla üzüntülerimizi de bir ölçüde azaltabilir, üstümüze gelen olaylar karşısında, ne yapıp ne edeceğimizi bir türlü kestirememe sıkışıklıklarına, o kadar sık düşmezdik.

Asurlular bizden üç bin yıl önce yaşadılar. Onlar da bizim gibi seviştiler, dövüştüler, çocuk büyüttüler, ev yaptılar, fakirliği, zenginliği, dürüstlüğü, rezilliği, zekâyı, ahmaklığı, bücürlüğü, büyüklüğü, göre tada geçip gittiler.

Asurluların en ilginç yanı, en basit güncel olayları bile, evrenin nasıl kurulduğuna bağlayarak anlatmaktı. Onlardan zamanımıza kadar gelmiş, bir diş ağrısı duası vardır ki, her diş doktorunun muayenehanesine asılacak güzellik ve özelliktedir.

Asurluların diş ağrısı duası şöyleydi:
"Tanrı ana göğü yarattı
Ve gök yeri yarattı.
Ve yer ırmakları yarattı.
Ve ırmaklar dereleri yarattı.
Ve dereler bataklıkları yarattı.
Ve bataklıklar küçük kurdu yarattı.
Ve kurt ağlayarak Tanrı Samaş'ın yanına vardı
Gözyaşları aka aka Tanrı Ea'ya dedi ki:
— Yemek için bana ne vereceksin?
— İçmek için bana ne vereceksin?
Sana kuru incir vereceğim,
Bir de kayısı
Ne yapayım ben kuru inciri
Ne yapayım kayısıyı?..
Kaldır beni ve izin ver dişlerin içine,
Azı dişlerinin içine yerleşeyim.
Ey küçük kurt, bunu söylediğin için
Kahretsin seni Tanrı Ea
O kudretli eliyle..."

Üç bin yıl önce dişi ağrıyan Asurlular, mayalanmış arpa suyuyla zeytinyağını karıştırıyor ve bu duayı üç kez tekrarladıktan sonra, yaptıkları ilacı ağrıyan dişlerine koyuyorlardı.

Bugün de üç kez okunacak dua ile kullanılan evde yapma ilaç sayısı az değildir. Hele ağrıyan dişe, rakıya batmış pamuk koymak, hâlâ yaygın yöntemlerden biridir.

Kaybolmuş uygarlıklardan yaşayan uygarlıklara bir şeyler bulaşıp kalır daima... Bunların kökenlerine inip nedenlerini araştırmak ise pek o kadar umursanmaz.

Bizim Anadolu yarımadasına gelmemizden bin yıl önce,

Romalı düşünür Seneka, "Doğayla İlgili Sorular" adlı yapıtında şöyle diyordu:

"Bir zaman gelecek, yüzyıllar boyu sürmüş olan araştırılar, bizim şimdi bilemediğimiz birçok şeyi gün ışığına çıkaracak. Bir tek yaşam, kendini tümden göğün öncelenmesine adamış olsa bile, bu kadar geniş bir araştırıya yetmez. Bu tür bilgiler, birbirini izleyen uzun çağlar içinde gelişebilir ancak. Bir zaman gelecek çocuklarımız ne kadar basit olan şeyleri bile anlayamamış olmamıza şaşacaklar. Birçok keşif, bizim anılarımız çoktan silindikten sonra, gelecek yüzyıllarda yapılacak. Şayet bizim evrenimiz daima gelecekte keşfedilebilecek bir oluşumdan yoksun bulunsa, pek fakir ve zavallı bir şey olurdu. Doğa sırlarını bir anda koymaz ortaya."

Asurlular diş ağrılarına dualı ilaçlar yaptıkları sıralarda, biz henüz tarih sahnesinde görünmemiştik bile. Seneka ise, kitabını yazarken, biz yerleşik bir tarımcılığa henüz adım atmaya çalışıyorduk. O uygarlıklar eriyip gitti. Bizimki ise asıl doruğuna önümüzdeki zaman içinde varacak...

Uygarlıklar arasındaki farkın, geçmişte kalan bölümlerini daha iyi bilsek, hem neyin neden olmadığını daha iyi anlar, hem de neyin ne zaman olabileceğini daha iyi görürdük. Bizler yaşadığımız iki bin üç yüz yıllık zaman içinde, çağdaş düzeye ilk kez bu kadar hızlı yaklaşıyoruz...

11.7.1988

HAZRETİ MUSA'NIN AKLI GÖKLERDEYDİ BUGÜNKÜ ASTROFİZİKÇİLER GİBİ...

Artık besbelli ki, elli yıla kadar, gelişmiş toplumlardaki yaş ortalaması yüze çıkacak. Alkolle sigara tüketimi artsa da çıkacak, artmasa da çıkacak.

Sigaranın hiç bilinmediği, alkolün de bugünküne oranla çok az kullanıldığı orta çağlarda, bu ortalama, otuz ile otuz beş yaş arasındaydı...

Çocuk ölümlerinin yoğunluğu yüzünden, yakın zamanlara kadar, bizde de kırkı aşmış değildi bu ortalama.

Sevgili Haldun Taner, kırk altı yaşında yitirdiği babasının acısına,

— Elden ne gelir, insanoğlu ancak bu kadar yaşayabiliyor işte. Onun da zamanı dolmuştu, gerçekçiliğine sığınarak dayanmaya uğraştığını, zaman zaman anlatır...

Hangimiz yirmi yaşındayken, "baba kırkı", yaşlılığın, henüz bize çok uzak bulunan, karanlık bir hendeği olarak görmemişizdir ki...

Toplumsal yaş ortalamalarının kırmızı içine aldığı bitiş yılları, gençlerin de normal sayarak kolayca onaylayabileceği, varılmaz bir menzilde görünür.

Oysa kırk yaş, on beş bin gün bile değildir.

* * *

Yaş ortalaması yüze çıktığında, gençler de kendi tartılarındaki yaşlılık ibresini, seksene doğru ayarlamaya başlayacaklar.

Buna karşılık emeklilik yaşı, otuz beşe kadar inebilir.

Elli yıl sonra, sokakta top oynayan okul çocukları arasında, bir yığın da henüz evlenmemiş emekli bulunacak...

Yirmi beş yıllık eğitimle, on yıllık çalışma dönemi bittikten sonra, altmış beş yıllık boş bir zaman kalacak insanların önünde...

Çalışmasını öğrenmek kadar yaşamasını öğrenmenin de, büyük önem kazanmaya başladığı bir döneme doğru gitmedeyiz...

En iyi yaşadıklarını sananların dahi, aslında pek de bir şey yaşamamış oldukları, bir komiko-trajedi olarak, tüm ayrıntılarıyla çıkmaya başlayacak ortaya...

Örneğin, bizim Sultan Mecit ne yaşadı ki... Ne otomobile, ne trene, ne uçağa binebildi, ne fotoğraf çekebildi, ne radyo dinleyebildi, ne sinema, ne de televizyon seyredebildi. Biraz puf böreği, biraz kuzulu pilav, biraz hünkâr beğendi, biraz patlıcan dolması ve biraz da kaymaklı ekmek kadayıfı yemekle yetindi... Artık bu kadarını, basma satın almaya gelmiş kasaba manifaturacıları da, Sirkeci otellerinde konaklarken yiyebiliyorlar... Biraz kötü yağlısını, biraz sokuşturma kıymalısını yiyorlar ama yine de yiyebiliyorlar...

Şimdi bir Boğaz apartmanı kapıcısı Napoleon'dan çok daha fazla çıkartmaktadır deniz mevsimlerinin tadını ve çok daha bol müzik dinleyip, çok daha keyifli vakitler geçirmektedir TV ekranının önünde...

* * *

Yaş ortalaması yüze dayandığı ve emeklilik yaşı otuz

beşe indiği zaman ise, uzay gemilerinde başka gezegenlerde yaşayanlarla görüntülü telsiz konuşmaları yapamadan ölmüş olanlar, hiçbir şeyi anlayamadan yaşamış sayılacaklar...

Çünkü ola ki onlar öğretecek bize, beynimizin henüz kullanamadığımız yüzde seksen beşlik bölümünden nasıl yararlanabileceğimizi...

Ve birden beyninin yüzde yüzünü kullanabilenlerle, henüz o evreye gelememişler arasında, ölçü dışı bir ayırım belirecek...

Bazı insanlar, hangi uzaklıkta olursa olsun, kimin aklından ne geçtiğini algılayabilecek ve hangi sorunun nasıl çözümlenebileceğini hemen bulabilecekler. Bazıları ise oturdukları yerde öne arkaya sallanarak, ahlayıp vahlamakla yetinecekler.

Ve yüzyıl sonra da, yaş ortalaması iki yüz yıla çıkacak. Çalışma diye de bir şey kalmayacak.

O sırada Mali'de yaşayanlar -ki şimdiki yaş ortalaması yirmi altıdır- elliyi zor tutturacaklar...

* * *

İster misiniz bin yıl sonra da, bizim öldü sandıklarımızla bir başka gezegende buluşuverelim...

Amma çarpıcı bir sürpriz olur ha...

Evrendeki enerji, daha önce yaratmış olduğu bir görüntüyü, bir kez daha niye yaratmasın?..

Hortlak öykülerinin çok da saçma olmadıkları anlaşıldı. Öldüklerini bildiğimiz kişileri, ışıklar içinde konuşup dururlarken görmeye çoktan alıştık...

TV'yi bilmeyen biri, karanlık bir odada İsmet Paşa'yla ilgili bir programla karşılaşsa, korkudan küçük dilini yutar ve,

— Bana göründü, bana göründü, diye pabuçsuz dışarılara uğrardı...

"Basübadelmevt" sezgisinin de, buna benzer bir yönü, ileride karşımıza çıkmaz mı acaba?..

* * *

İnsanoğlu neyi seziyor neye aklını taktırıyorsa, ancak evrende olabilecek bir şeyleri sezebiliyor ve ona taktırıyor aklını...

Yıldız burçlarıyla kişi karakterleri arasındaki ilişkinin gelişmiş dünyada yeniden büyük önem kazanması da bir rastlantı olmasa gerekir...

Terazi burcunun insanı ne kadar dengeliyse, balık burcunun insanı da o kadar programsız olmuyor mu?..

Uzayı boşuna kurcalamıyor akıl... Kendi gerçek şifresini dünyada çözemeyeceğini anladı, şimdi bu şifrenin anahtarını kozmosda aramaya başladı. Bir gün bulacaktır. Eski Mısır uygarlığıyla ilk din kitapları da dahil, yedi bin yıllık bir uğraşının rotası hep göklere dönük... Beş milyarlık dünyada, yedi bin yıl, bir nefeslik zaman bile değildir. İkinci nefes ise Hazreti Musa'nın Turi Sina'nın tepesinden bakındığı yerlerde alınacağa benzer.

12.4.1983

"RÜYALARIN FONKSİYONU"

Rüyaların ne olup ne olmadığı kesin olarak çözümlendiği zaman, insanın da, insanlığın da sık sık içine düştüğü bunalımlar, yepyeni çıkış kapıları bulmuş olacak...
Rüyalar geleceği haber verir mi, vermez mi?
İstanbul Üniversitesi Tecrübi Psikoloji Enstitüsü profesörlerinden Dr. Sabri Özbaydar, yeni yayınladığı "Rüyaların Fonksiyonu Üzerine Bir Deneme" adlı yapıtında, bu konuya da değinerek, şöyle diyor:

"Günün birinde rüyaların gelecek hakkında bilgi verdiklerinin tespit edilebileceği ihtimalini 'a priori' olarak inkâr etmek, şüphesiz ilmi bir tutum olmaz; ama bugüne kadar bu ihtimalin lehinde olarak gösterilen deliller, makûl bir seviyeye erişmekten çok uzaktır."

Yine Prof. Dr. Özbaydar'ın yapıtından öğreniyoruz ki, bugün insanlığın elinde bulunan rüya yorumları, dört bin yıl öncesine kadar uzanmakta. En eski yorumlar, İsa'dan iki bin yıl kadar önce papirüs üstüne yazılmış bir Mısır kitabına ait... O kitap da İngiltere'deki British Museum'da...

Bu yorumlardan birkaçı şöyleymiş:
Rüyasında odun kesmek: İyi, düşmanları ölecek.
Parlak ay görmek: İyi, Tanrı kendisini affedecek.
Pencereden dışarı bakmak: İyi, Tanrı duasını kabul edecek.
Kendini ölmüş görmek: İyi, uzun bir ömrü olacak.
Kendi idrarını içmek: İyi, oğlunun hayrını görecek.
Timsah eti yemek: İyi, kumandan olacak.

İnsanların uzaklaştığını görmek: Fena, ölümü yakın.
Karısıyla gündüz cinsel münasebet: Fena, Tanrı kabahatlerini görüyor.
Derin bir kuyuya bakmak: Fena, hapse girecek.
Sıcak bira içmek: Fena, ızdırap çekecek...

* * *

Eski Yunan düşünürleri arasındaki ilginç tartışmalardan biri de şuymuş:
"Geleceği gösteren rüyalardan sonbaharda görülenlerine niçin pek güvenilemez."
Aristo'nun bu konuda yaptığı açıklama şöyle;
"Sonbahar meyveleri sindirim cihazını o kadar bozuyor ki, ruhun 'ileriyi görme melekesi' iyi çalışamıyor."
O dönemde de rüyalar üstüne kaç kitap yazılmış olduğu biliniyor, yirmi altı cilt.
İşin garibi eski çağlardan kalma yorumlar, günümüz insanını dahi hâlâ etkiliyormuş. Amerika'da bir rüya yorumu kitabı, üç milyon falan basıyormuş. O kitaba göre, rüyada fıstık gören kişi 354 numaraya, pantolon askısı gören kişi de 563 numaraya oynarsa, büyük para kazanabilirmiş...
Gazete yönetmenlerinin kulağına bir öneri fısıldayalım, o tür kitaplardan birini azıcık da süsleyip püsleyip yayınlasak, tiraj kimbilir ne kadar artardı...

* * *

Rüya konusunda modern bilimcilerin aranışlarına gelince...
Doğrusu Prof. Özbaydar, Freud'un yaklaşımlarıyla, Jung'ın görüşleri arasındaki farkları çok güzel özetlemiş.
Özellikle Jung'ın, insanlığın ortak birikiminden, nerdeyse kalıtımsal diyebileceğimiz "kolektif bir bilinçaltı" teması-

na uzanması ve ortak rüya motifleri üstünde durması, yabana atılacak bir değerlendirme değildir.

Değildir, çünkü günümüzün, psikanalizmle hiç ilgisi olmayan fizyolojistleri de, rüyaların her gece, her birimizi yeniden programladığını iddia etmektedirler. Ancak bu programlama, dünyada ilk kez göründüğümüz vahşi dönemimizdekiyle aynıdır. Ve bu yüzdendir ki, ne kadar uygarlaşsak, yine de saldırganlıklarımızdan kurtulamamaktayız...

"Rüyaların Fonksiyonu Üzerine Bir Deneme" adlı çalışmada, Freud'la Jung'ın incelediği rüyalardan da üç beş ilginç örnek var...

Özellikle babasına çok bağlı bir gencin, babasını aşağılayan rüyalar görmesinin analizi çok ilginç...

Daha da ilginci, kitabın ikinci bölümündeki "tecrübi rüyalar."

Uyuyan kişiye dışardan belirli bir etki yapılması sonucu, görülen rüyaların özellikleri... Nemli bir gecelik giyerek uyuyan kimse, rüyasında bir akarsuda sürüklendiğini görmüş... Bu rüya Freud'un önüne konsa, sanırız ki büyük usta, süper-egonun sansürüne uğramış cinsel güdülerin, sembolik olarak, "akarsuyu" cinsel ilişki niyetine kullanıp, rüyada kendine bir rahatlama yarattığını iddia ederdi...

* * *

Günümüzde deneysel psikoloji, rüya alanında geniş adımlar atmada...

Gözleri kapalı ama uyanık bir kimsenin beyni "alfa" ritminde dalgalar yayınlar. Derin bir uykuda ise, dalgaların frekansı yavaşlayarak, "delta" ritmine düşer...

Ve "delta" ritminde derin derin uyuyan bir insan, her

seksen dokuz dakikada bir, yeniden bir süre için "alfa" ritminde güçlü bir dalga yayını gösterir.

O insan o sırada rüya görmektedir işte...

Ve kapalı gözkapaklarının altında kıpırdayan gözlerinden de rüya gördüğü anlaşılmaktadır.

Bu deneyler, uykusunda rüya görmeyen hiç kimsenin bulunmadığını kanıtlamıştır.

Rüyadan engellenmek, ilk fırsatta daha çok rüya görmeye neden olmakta, o da engellenirse, akli dengesizliklere yol açmaktadır.

Rüya görürken de vücudumuz kıpırtısız yatmakta... Yahut sadece gözkapaklarımız altındaki gözlerimiz kıpırdamakta... Bundan da bir yığın sonuç çıkarılıyor. Örneğin, rüyalarımızın uykumuzu güvence altında tuttuğu öne sürülüyor. Bir başka iddiaya göre de, rüyalar bizi, uyku sırasında "algılamasız kalmaktan" kurtarıyor. İster uyanık, ister uykuda bilincimiz işlevsiz kalamıyor.

* * *

Prof. Dr. Özbaydar kitabının son bölümünde, kendi hipotezleriyle de konuyu genişletmekte ve çeşitli görüşleri - kıymıklarından ayıklayarak- yeni bir yaklaşımın sentezi içinde bütünleştirmeye çalışmakta...

Bilimsel yayınları izlemekten hoşlananlar için, tadına varılacak bir çalışma "Rüyaların Fonksiyonları."

Bilimsel anlatımlara yabancı olanlar dahi, azıcık bir dikkatle, önemli psikoloji anahtarları bulabilirler bu kitapta ve dağınık bilgilerine kolayca bir çekidüzen verebilirler...

Prof. Dr. Sabri Özbaydar'ı çalışmalarından ötürü kutlarız...

26.11.1984

CADILARA İNANAN ÜNLÜ BİLGİNLER VE BODİN

16. yüzyılın düşünür ve iktisatçılarından "Cumhuriyet" adlı unutulmaz yapıtın büyük yazarı ve ünlü devlet adamı Jean Bodin, 1588'de yazdığı "Cadılarda Şeytansallık" kitabında büyücüyü, "Şeytansal ve ahlâk dışı usullerle bir amaca erişmek için uğraşan kişi" diye tanımlıyor.

Ve hanımlar alınmasın ama, Bodin bu kitabında, erkek cadılardan çok, kadın cadılardan söz ediyor. O çağlardaki Alman engizisyon mahkemesi yargıçlarından Sprenger'in de gözlemleri aynı yönde. O da,

— Erkek cadı diye bir şey hemen hemen yok denecek kadar azdır. Cadılık sapması genellikle kadınlar arasındadır, diyor.

Jean Bodin'in büyücülerle ilgili kitabı Türkçe'ye çevrilmemiştir. Bu kitap insanın tüylerini diken diken eden korkunç büyü türleriyle doludur. Özellikle gizli ayinlerde küçük çocukların kurban edilmesiyle ilgili "Kara Büyü"lere dair yığın yığın bilgiler verir.

Kara büyü yahut kara ayinler 17. yüzyılın sonuna kadar sürüp gitmiş ve XIV. Louis devrinde tüm Fransa ile Avrupa'yı allak bullak eden korkunç skandallara ve olağanüstü mahkemelerin kurulmasına yolaçmıştır. Kovuşturmalar derinleştirildikçe, saraydaki en etken kişilerin dahi büyücüler ve kara ayinlerle ilişkili olduğu ortaya çıkmış ve sonunda XIV. Louis bu işin bir an önce ört bas edilmesini emretmiştir.

* * *

30 Nisan 1579'da yakılarak idam edilme cezasına çarptırılan büyücü Jeanne Harvillier, aileden aileye geçen büyücülük geleneğinin tipik örneklerinden biridir. Jeanne Harvillier'in annesi de büyücüydü. O da kızından otuz yıl önce aynı cezaya çarptırılmış ve yakılarak idam edilmişti. Büyücüler için genellikle kaçınılmaz bir ölümdü yakılarak ölmek. Ama, bu sanıldığı kadar, öyle çok da korkutmazdı kendisini bu işlere adamış olanları.

Jeanne 1528 yıllarında doğmuştu. Annesi kızını daha on iki yaşındayken şeytanla tanıştırmıştı. Şeytan, çok iri yarı, karalar giyinmiş bir erkek kılığında görünmüştü kıza. Ve kız katoliklikten de, kiliseden de, papazlardan da vazgeçip, pek hoşuna giden bu iri yarı, karalar giyinmiş erkek kılığındaki şeytana vermişti kendisini. (Anlaşılıyor ki, o şeytan hangi şeytansa ağzının tadını bilen bir şeytanmış).

Velhasıl on iki yaşındaki kız alabildiğine sevişmeye başlamıştı iri yarı erkek kılığındaki şeytanla. Ve bu aşk, Jeanne ellisine gelip de büyücülükten enselenmceye kadar sürüp gitmişti.

Jeanne'nin bir de resmi kocası vardı. Adam bazı geceler yatakta karısıyla sevişmeye kalktığı zaman, kadının tam sevişmenin en önemli yerinde yanından buhar olmuşçasına kaybolduğunu görerek hem öfkelenir, hem de bunun nasıl olduğuna bir türlü akıl erdiremezdi. Ertesi sabah da sorardı karısına:

— Yahu tam o anda yine nereye kayboldun. Her şey yarıda kaldı.

Jeanne ise hep aynı cevabı verirdi:

— Haydi oradan sümsük herif, ben bir yere kaybolmadım, sen uyuyakaldın. Ve adam düşünürdü,

— Gerçekten ben mi uyudum, yoksa karı mı kayboldu, diye...

Jeanne Harvillier mahkemeye, birçok insanla hayvanı büyü yoluyla öldürmekten suçlu olarak verilmişti.

Jeanne mahkemede hepsini açık açık kabul etti bu iddiaların. Neden kabul etti, nasıl kabul etti, tarih orasını ayrıntılı olarak pek belirtmiyor. Tarihin yazdığına göre, açıkladığı son suçu da şu imiş büyücünün:

Serserinin biri kızını dövmüş Jeanne'nin. Jeanne de, şeytandan bir büyülü toz alıp, kızını döven herifin geçeceği yola serpmiş. Ancak o yoldan öldürmek istediği kişi yerine başkası geçmiş. Ve adam yoldan geçer geçmez başlamış kıvranmaya. Jeanne hemen yardımına koşmuş adamın. Söz vermiş kendisini iyileştirmeye. Yatağının başında, kilisenin iyilik seven hastabakıcı kızları gibi, derin bir şefkat ve sevgiyle adamı kurtarmak için çırpınmış durmuş.

Ve yalvarmış yakarmış şeytana,

— Ne olur şu zavallıyı iyi et, diye.

Ama şeytan,

— Mümkünatı yok bunun, boşuna ısrar edip durma, demiş.

Anlı şanlı düşünür büyük Bodin, bu tür bir sürü olaylar yazmaktadır kitabında. Ve ciddi ciddi cadı kadınların, cumartesi geceleri şeytanın başkanlığında yapılan büyücü toplantılarına katılmak için, süpürgelere binerek havadan uça uça toplantıya gittiklerini iddia etmektedir.

Bu iddia yüzünden bir de uzun tartışma çıkmıştır, Jean Bodin'le, Duc de Cléves'in doktoru Jean Wier arasında.

* * *

Bugün hiçbir ansiklopedide adından söz edilmeyen

doktor Jean Wier, kendi devri için dahiyane sayılacak bir kitabında cadıların süpürgelere binerek havada uçtukları iddiasını kabul etmiyor ve bu konuda şöyle diyordu:

— Bu kendi kendinden geçip cezbeye kapılma sonucu, düşsel olaylardan başka bir şey değildir.

Jean Bodin de cevap veriyordu Wier'e:

— Cadıların süpürgelere binip uçmaları kendinden geçip cezbeye kapılma sonucu düşsel bir olaydır diye iddia edenler, elle tutulup gözle görülecek bir hata içerisindediler. Cadıların süpürgelerle ruh ve vücut olarak uçtukları, öylesine sık tekrarlanan ve unutulmayacak deneylerle doludur ki, bunun gerçek olduğu güneş gibi ortadadır. Bunun zıttını söylemek ve şeytanın büyücüleri bir yerden bir yere uçurduğu konusunu reddederek, bu konuda kuşkular yaratmak İncil'le alay etmektir.

Jean Wier ise, büyücülerin büyüleriyle yarattıkları hastalıkları -zayıflamaları, baş dönmelerini, melankoliyi, yorgunlukları- inceleyerek bunlardan ancak dürüst bir yaşam, bir iman bütünlüğü ve doktorların bilimsel yardımlarıyla kurtulunulabileceğini belirtiyordu.

Bodin ateş püskürüyordu bu görüşlere. Ona göre afsunlanmış kişilerin bundan kurtulma olanağı yoktu.

— Jean Wier kalemini şeytanın emrine vermiş. O ne söylerse onu yazıyor, diyordu.

Ve devam ediyordu:

— Zaten kendisi de bu çağın en büyük büyücüsü olan Agrippa'nın öğrencisi olduğunu açık açık söylemedi mi? (Görülüyor ki, o devirlerde en ünlü kişiler, kızdıklarına karşı demagojiye ve şantaja sapmaktan alamıyorlardı kendilerini).

* * *

Agrippa aslında ünlü bir doktordu. I. François'nın annesinin hekimliğini yapmış, sonra siyasal nedenlerle Fransa'dan kovulmuş, kendisini tarihçiliğe vermiş ve büyücülük iddiasıyla da Bürüksel'de bir yıl hapis yatmıştı. Sonunda sefalet içinde Grenoble'de bir hastanede ölmüştü.

Bodin,

Agrippa'nın aslında ünlü bir "Beyefendi" diye çağırdığı ve hep yanında gezdirdiği kara bir köpek, ok gibi fırlayıp nehre attı kendisini, o kara köpek şeytandan başka birşey değildi ve gerçekten de Agrippa'nın beyefendisiydi, diyordu.

Wier,

— O kara köpek şeytan falan değildi. Agrippa'nın çok sevdiği bir hayvancıktı sadece, diye cevap veriyordu.

Ama o sıralarda kimsenin Jean Wier'in sözlerine aldırdığı yoktu. O nedenle de Wier'in iddiaları hiçbir yankılanma yaratmıyordu. Bodin'in kitabı ise herkesin ağzındaydı.

Yine o devrin en ünlü bilgelerinden Bosset de, bütün o mantık sağlamlığına rağmen, yürekten inanıyordu cadılara.

17. yüzyılın sonlarına doğru Doktor Bonet, büyücülüğün saçmalığıyla ilgili tıbbî kitabını ancak Fransa'nın dışında bir yerde yayınlayabildi ve ancak 18. yüzyılın ortalarına doğru XV. Louis'nin doktoru Abraham de Saint-Andre cesaret edebildi büyüyle büyücülüğe karşı bilimsel çıkışlar yapıp, bütün bunların hepsini tümden reddetmeye...

KELEBEK, ÇİÇEK, MÜZİK VE MÜHENDİSLİK

En dayanıklısı ancak altı gün yaşayabilen kelebeklerin familyalarıyla türleri, ortaokuldaki biyoloji derslerinde, öğrencilere şöyle bir okutulur. Öğrenciler ise kelebeklerle haşır neşir olma geleneğinden yoksun bir çocukluktan geçtikleri için, biyolojinin kelebekler bölümünü de, tıpkı öteki derslerde olduğu gibi, yarı ezber, yarı kopya ile atlatmaya çalışır ve bir daha bu konuyla yaşamlarının sonuna kadar ilgilenmezler.

Kelebekler kamuoyu için de öylesine cürümsüz yaratıklardır ki, tango sözcükleriyle ilkokul çocuğu şiirlerinde kullanılmaktan ötede, üstünde uzun uzun durmaya değer bir anlam taşımazlar.

Oysa kelebekler, insanda bilincin ilk uyanmaya başladığı yaşlarda, onun dikkatini doğanın gizlerine doğru çekmek göreviyle yükümlü, özel ve masum bir mesajcı gibidir.

* * *

Ne demek istediğimizi gözleriyle de somut olarak görmek isteyenler, Yıldız Parkı'ndaki Malta Köşkü'nün kapısından girer girmez, sol yandaki elli üç tür değişik kelebek grubundan oluşan, şaşırtıcı panoya bakarlarsa, sanırız yetiştirdiğimiz kuşakların, çocukluktan bu yana neyi ıskalamakta olduğunu çok hızlı anlayacaklardır.

Gündüz kelebeklerinin kanatlarında çiçek bahçelerinin tüm renklerini, gece kelebeklerinin siyah kadife kanatlarında ise aylı yıldızlı gökyüzünün fotoğrafını görerek, doğa mucizesinin derinlikleri önünde, sessizliğe dönüşen az duyulur bir coşkunun şaşkınlığına uğrayacaklardır.

Çiçeklerden çiçeklere polen tozlarını taşıyarak onların görünmez aşklarını bütünleşmeye yönelten ve üremelerini sağlayan kelebeklerin, gövdeleriyle kanatlar arasındaki oranlar ise en karmaşık "uçuş hesaplarının" laboratuvarından geçmiş gibidir... Ve ne çare ki hepsi, bilemediniz üç gün, beş gün, altı gün yaşarlar.

* * *

Kelebeklerle uğraşmak, kelebek koleksiyonlarından tablolar yapmak, sade kişiyle doğa arasındaki ilişkileri pekiştirmez, dünyadaki amatör kelebek koleksiyoncularıyla da insancıl bir yakınlığı, vazgeçilmez dostluklara dönüştürür... Başarılı bir koleksiyonun değeri ise, yüz bin liranın çok üstündedir...

Türkiye gibi kelebek zengini bir ülkede, köy kahvelerinden dinlenme motellerine kadar halka ait lokallerin, kelebek koleksiyonlarıyla dekore edilmemesi, bu alanda sevimli bir yarışa geçilmemesi, kendimize özgü olacak doğasal bir estetikle yaratıcılığın henüz farkında bulunmadığımızı işaretlemektedir.

* * *

İğneyle kuyu kazar gibi, olanakları ölçüsünde İstanbul'u evrensel bir zevkin kapısına getirmek için uğraşıp duran Çelik Gülersoy'un böyle bir boşluğu nasıl farkettiğine hiç şaşmadım... Türkiye'yi palavralarla değil, çağdaş ölçülerle imbikten gülyağı çekercesine sevip sevdirmek isteyen, onun gibi iyi bir araştırıcı ve yönetici, görkemli bir kelebek koleksiyonunun ne olduğunu da halka ilk kez sergileme inceliğinde elbek öncülük edecekti.

O koleksiyonu gördükten sonra, çok kişi evinin duvarlarını kelebek koleksiyonlarıyla süslemeyi benimseyecek, çocuklara da, gençlere de, emeklilere de, çok ilginç ve şiirsel yeni bir uğraş alanı açılacaktır.

* * *

Güzeli, başarıyı ve çağdaşlığı sevmeyenlerin anlayabilecekleri titizlikler değildir, Türkiye'yi manen ve maddeten onarma sevdaları...

Onlar "Ne olmuş yani", "Nasıl bir avanta var bu işte" gözlüklerinden kurtulamadıkları için, ne Kapalıçarşı'nın tarihçesine, ne yabancı ustaların İstanbul üstündeki yapıtlarına ilgi duyarlar... Kendilerinde olmayan yeteneklerin başkalarında tomurcuklanmasını da yürekleri götürmez... Bu yüzden de kırıp döküp yok etmek, onarıp güzelleştirip yüceltmek çabalarıyla her zaman boğaz boğaza gelir...

* * *

Beyoğlu'ndaki tarihsel Çiçek Pasajı, başına gelen onca talihsizlikten sonra yine birtakım formalite sıkıntıları içine itilmekte... Formaliteler ise toplumun çekidüzenli olmasında amaç değil araçtır. Aracın amaca ağır basması, kısırlık ve çoraklık üretir.

İstanbul'da bir değil, yüz tane Çiçek Pasajı olması gerekirdi. Haliç kıyıları mezbele olmak yerine, çiçekçiler, kokoreççiler, fıçı biraları ve gitar sesleriyle şenlenseydi, kelebek koleksiyonlarına benzer bir güzellik, sade dışımızın değil, içimizin de cenneti olarak yansırdı dünyaya...

* * *

Bu yine mutlaka bir gün böyle olacaktır...

Genç mühendis Arıoğlu'nun prefabrike ev testleri için uyguladığı yeni yöntemin, İsveç'le Çekoslovakya'da nasıl dünyaya duyurulduğunu görmek bir yana, Cezayir'in kurulacak turistik oteller için, mobilya fabrikalarının yapımını, aynı mühendisten istemesi ve buralarda Türk endüstrisinin değerlendirilmeye başlanması, küçümsenecek işler değildir...

Ölçüler artık yerine oturmaktadır Türkiye'de...

Çağdaş ve evrensel değerler, yeryüzünün hızla dikkatini çekmeye başlamıştır. "Bizden adam çıkmaz" diyenlerin afallayacakları bir döneme doğru yaklaşmaktayız.

Çağdaşlıkla evrenselliğin ne demek olduğunu bir türlü anlamayanların engelleri azaldıkça, Türkiye yazgısı olan mucizeleri çok daha hızlı gösterecek ve kelebek koleksiyonlarıyla donatılmış, çiçekli, müzikli bir uygarlık cümbüşünde, Türkler yarattıkları İrem Bağları'nın tadını ve kıvancını yaşayacaklardır.

Yurt sevgisinin ibadeti, orada çağdaşlığı ve evrenselliği her an yaratmaktan geçer.

1.6.1981

YEDİ TONLUK DİNAMİT FIÇILARI, SAMANYOLU, HİYEROGLİF V.S.

İnsanoğlu genellikle kendi miniskül dünyasının üstüne, üç tarafından çengelli sefertası kapağı gibi kapanmış olarak yaşadığı için, dünyanın ne kadar kocaman olduğunu düşünmeye pek gerek duymuyor. Annelerle babalar da çocuklarını, kendi küçükdünyalarının koşullanmasıyla yetiştirmeye çalışırlar. Yeryüzünün gerçekte ne kadar büyük, ne kadar değişik ve çeşitli şeylerle dolu olduğunu yeterince yansıtamazlar onlara. Gerçi okullar bu görevi yüklenmiş görünürler ama, dersler hep bir tek yapının ve bir tek sınıfın odasının içinde geçtiği için, ev, okul ve biraz da mahalle arasında sıkışıp kalmış çocukların, bu kadar küçük bir ortamdan, evren gerçeğine uzanabilmeleri kolay olmaz. Kendi yaşamlarının gerçeği bir yanda, derslerin anlattığı büyük boyutlu konular bir yanda kalır ve ikisinin arasında herhangi bir köprü kurulamaz.

Coğrafyada Bering Boğazı anlatılırken Bering Boğazı'na, biyolojide fujerler anlatılırken fujerlerin yanına gidilebilse, hiç değilse derslerde video-teyp kullanılabilse, çocukların içine doğdukları dar kalıplı koşullanmalar, çok daha çabuk kırılabilirdi. Ve genç kuşaklar, dünyayı kendi yaşadıkları ortamdan ibaret sanmaktan çok daha hızlı kurtulurlardı. Yeryüzünün üstünde birbirinden değişik çağlarda yaşayan yüzlerce toplum, aynı toplumun içinde bile birbirinden değişik çağlarda yaşayan milyonlarca insan bulunduğu gerçeğine, çok daha kolay varırlar ve yaşama bakış açılarını ona göre ayarlarlardı.

* * *

Bugün dünyamızda adam başına, yedi bin kilo dinamite eşit "yok edici bir enerji" stoku düşmekte. Dört buçuk milyar insanın her biri, yedi tonluk bir dinamit fıçısının üstünde oturuyor. Şükür ki tam farkında değiliz bunun.

Yapılan bilimsel hesaplara göre de, yirminci yüzyılın sonunda varılmış olan uygarlık düzeyinin, kendi kendini yok etmeden daha aşamalı bir uygarlığa geçebilme şansı, ancak yüzde kırk. İnsanlığın kendi kendini ortadan kaldırma olasılığı, yüzde altmış oranına varmış durumda.

Ne Kozyatağı, ne de Mevlanakapı'daki kahvelerin tavlacıları, akıllarından geçiriyorlar bu tehlikeli oranı.

Torino'daki caddelerin pastahane vitrinlerine bakanlar da...

Hong-Kong'daki teknelerden oluşmuş su üstü mahallelerinde çamaşır yıkayıp balık salamurası yapanlar da...

New York'taki apartmanının süslü geniş salonlarından birini iyice cilâlayıp, müziğin temposuna göre yanıp sönen mavili, kırmızılı projektörlerle orasını özel bir diskotek haline getirmiş olan zengin çiftin, gece verdiği partide belki biraz konuşulmuştur bu konu.

O sırada Beyoğlu birahanelerinde erkeklik, içtenlik ve efkâr konuşuluyordu.

Samanyolunda dört yüz milyar yıldız bulunduğu ise hiçbir yerde konuşulmuyordu.

* * *

Dört yüz milyar yıldızın acaba kaçta kaçında bizimkine benzer uygarlıklar yaratmış canlılar vardı? Burada ve orada doğa yasaları değişmediğine göre, dört yüz milyar yıldızdan hiçbirinde canlı bulunmaması düşünülemezdi... Oralarda da canlılar olduğu, uygarlıklar bulunduğu kesindi. Belki bu uygarlıklar da bir yerde kendi kendilerini yok ediyorlardı. Bu da akla uzak gelmiyordu.

Dünyamızın büyüklüğünü dahi, bilincimize tam sindiremeden, bir de evrenin sorunları çıkmaya başlamıştı karşımıza...

Acaba oradaki uygarlıklardan bazıları, bizim dünyamızı izleyebilecek bir düzeye kadar gelmişler miydi? Bu soruya evet demek zordu, ama hayır demek daha da zordu. Çünkü dünyamızdaki teknolojik birikim, oralardan gelecek sinyalleri yakalayabilecek bir düzeye erişmişti. Ne yazık ki bu alana gerekli yatırımlar yapılmıyordu. Biz bu düzeye kadar vardığımıza göre, ola ki onlar da bu düzeye varmış, hatta belki de daha öteye gitmişlerdi. Yirmi birinci yüzyıla kadar bu "bilinmez" de çözülecekti.

* * *

Birbirlerinden değişik çağlarda yaşamakta da olsalar, insanların yaşamlarını üç-beş konunun içinde tutsak etmelerinin anlamı kalmıyordu. Konuları alabildiğine açmak, aralarındaki ilişkilerin matematiksel nirengilerini saptamak, dar kalıplı koşullanmaların hipnozlarıyla beyinsel bir tıknefesliğe düşmekten kurtulmanın en sağlıklı yoluydu herhalde...

Boş zamanlarda Champolion'nun hiyeroglifi nasıl çözdüğünü incelemek dahi, yıldızlararası ilişkileri kurcalamaya kadar uzanacak zevkli bir uğraştı. Napoleon'un Mısır seferinde bir rastlantı olarak bulunan, eski Mısır uygarlığından kalma "rozet taşı"nın üstünde, hem hiyeroglifle hem de eski Yunanca ile yazılmış bir "nait yazı" vardı. Eski Yunancayla yazılmış bölümde Kleopatra ile Potolome'nin adlarının hiyeroglifteki karşılıklarını bulunca, hiyeroglifteki işaretlerin hangi harfleri simgelediğini de bulmaya başlıyordun. Her iki addaki ortak harfler, hiyeroglifte de aynı işaretlerle yazılmıştı.

Hiyerogliflerle haşır neşir olmaya başlayınca da, insanlığın daha binlerce yıl önce hangi uygarlık düzeylerine varmış olduğunu da görerek, aklın yıldızlararası ilişkilere takılıyordu.

* * *

Düşünce ufuklarının bu ölçüde genişlemesinin, günlük yaşamdaki tekdüzeliği de rüzgârlandıran ve kişileri birkaç konu üstünde donup kalmaktan koparmaya çalışan bir yönü vardır.

Her birimiz tek tek yedi tonluk dinamit fıçıları üstünde oturduğumuza göre, hiç değilse biraz daha fazla tadmalıyız gönülsel ve beyinsel zenginliklerimizin cümbüşünü...

Ola ki samanyolundaki dört yüz milyar yıldız arasında doğup yok olan uygarlıklara benzer bir uygarlığız biz de... Ve bunun dahi özüne yaklaşmadan, yetmeyen para ve artan ev kirası sıkıntılarıyla yitirip gidiyoruz günlerimizi... Bu sıkıntıları aşmak, toplumca daha geniş konularla ilgilenmekten de geçiyor belki, kimbilir?

22.12.1981

1, 2, 3, 4, 5, 6, 7, 8, 9, 10

Sevgili Tınaz Titiz'in bıkmadan usanmadan sürdürdüğü bir uğraş vardır; "İnsanımızın sorun çözme kabiliyetini geliştirmek"...

Bu amaçla bir de Beyaz Nokta Vakfı'nı kurmuştur.

Vakfın son yayınladığı kitap, Amerikalı bir matematikçi olduğu belirtilen John Allen Paulos'un "Herkes İçin Matematik" adlı yapıtı...

Sayılar ve hesaplar âlemiyle ilgili bir yığın da matrak fıkra var içinde.

Zaten yazarı da "anti-konformist", zekâ kahkahalarında yüzen bir alaycılık çeşmesi...

"Herkes İçin Matematik" kitabından hoş bir fıkra işte:

90 yaşlarında evli bir çift, bir boşanma avukatına başvurur. Avukat onlara boşanmamaları için yalvarır:

— Neden 70 yıl evli kaldıktan sonra boşanmak istiyorsunuz? Neden birlikte yaşamayı sürdürmüyorsunuz? Hem üstelik niye şimdi?

Sonunda yaşlı kadın çatlak bir sesle cevap verir:

— Çocuklar ölünceye kadar beklemek istedik.

Matematikle ilgili çok nanikli ve -TV'lerin beylik deyimiyle- şok edici açıklamalar var John Allen Paulos'un kitabında...

Haydi onlara bir tanecik de biz eklemeye uğraşalım.

Elinize bir kağıt kalem alın ve bir daire çizin önce...

Sonra da "daire"nin merkezinden geçen dikey ve yatay iki çizgi çekerek "daire"yi 4'e bölün.
Çizgilerin "daire"yi kestiği her noktaya bir harf oturtun: A.B.C.D... "Daire"nin merkezi de biliyorsunuz "O"dır.
Şimdi "daire"nin merkezinden geçen dikey ve yatay çizgilerle dörde böldüğünüz "daire" üstünde, anlatmaya çalışacaklarımı kalemle çizimleyerek biçimlendirin...

I- A-B-O-C çizimi... Sonra da C'den B'ye doğru yarım bir kavis çizimi... (Daire üstünde ortaya çıkan "2" rakamını çizilmiş olarak gördünüz mü?)

II- A-B-O-B-C çizimi... (Daire üstünde ortaya çıkan "3" rakamını çizilmiş olarak gördünüz mü?)

III- A-O-C ve D-O çizimi... (Daire üstünde ortaya çıkan "4" rakamını çizilmiş olarak gördünüz mü?)

IV- A-O-B-C çizimi... A'dan B'ye doğru da yarım bir kavis ekleyin... (Daire üstünde ortaya çıkan "5" rakamını gördünüz mü?)

V- A-O-C-B-O çizimi... (Daire üstünde ortaya çıkan "6" rakamını çizilmiş olarak gördünüz mü?)

VI- A'dan D'ye doğru yarım bir kavis... A-O-C çizimi... (Daire üstünde ortaya çıkan "7" rakamını çizilmiş olarak gördünüz mü?)

VII- O-B-C-O-A-D-O çizimi... (Daire üstünde ortaya çıkan "8" rakamını çizilmiş olarak gördünüz mü?)

VIII- O-D-A-O-C çizimi... (Daire üstünde ortaya çıkan "9" rakamını çizilmiş olarak gördünüz mü?)

IX- A-O-C çizimi... (Daire üstünde ortaya çıkan "1" rakamını çizilmiş olarak gördünüz mü?)

X- Ve nihayet "daire"nin kendisi, yani sıfır "0" rakkamının çizilmiş biçimi...

Demek kullandığımız sayılar dahi bir "daire"nin üstündeki değişik pozisyonlardan biçimleniyor...

Kozmos da ne varsa ya yuvarlak, ya elips biçimindedir...

Sayıların da bir "daire"nin üstündeki değişik pozisyonlardan biçimlenmesi doğaldır. Doğa da ve Kozmos da var olmayan hiçbir şey, yer yuvarlağında da var olamaz çünkü...

Yerel siyasetçilerimizle sivil-asker bürokratlarımızın nedense bir türlü algılamak istemedikleri "Monizm"in de özü buna, yani, Doğaya, yani Kozmosa, yahut Tanrı'ya dayanmaktadır...

Ve Kozmos durmadan değişen bir enerji yumağı olduğuna göre, onun bir parçası olan burası da ister istemez değişecektir.

Muhafazakârlık, Kozmosa yahut Doğaya, yahut Tanrı'ya karşı gelmek dahi sayılabilir.

29.5.1998

İKİ BİN İKİ YÜZ YIL ÖNCESİNİN BÜYÜK BEYNİ ERATOSTHENE

Bundan iki bin iki yüz yıl önce, o çağların en büyük metropolü olan İskenderiye kentinde, Eratosthene adında bir bilgin yaşıyordu. Eratosthene hem astronom, hem tarihçi, hem coğrafyacı, hem felsefeci, hem ozan, hem tiyatro eleştirmeni, hem de matematikçiydi. Kendisini kıskanan bir çağdaşı, ona Yunan alfabesinin ikinci harfi olan "beta" adını takmıştı:

— Eratosthene benden sonra gelir. Onun için de "alfa", değil, "beta"dır, bense "alfa"yım diyordu...

Tarih ise Eratosthene'in, çağının en büyük bilgini, yani "beta"sı değil, "alfa"sı olduğunu kanıtladı.

Eratosthene neden çağının en büyük bilginiydi?

Çünkü dünyanın yuvarlak olduğunu ilk kez o düşünmüş ve çevresinin de kırk bin kilometre olduğunu ilk kez o hesaplamıştı.

* * *

Bundan iki bin iki yüz yıl önce, Eratosthene'in dünyanın çevresinin kırk bin kilometre olduğunu nasıl hesapladığı ilginçtir.

Kendisi ünlü İskenderiye kitaplığının yöneticisiydi, kitaplıkta çalışırken bir papirüsün üstünde yazılanlar dikkatini çekmişti. Papirüste, güney hududunda ve Nil'in akmaya başladığı bölgeye yakın bir yerdeki Syene kasabasında, 21 haziran günü, öğleyin güneş tam doruk noktasındayken, yere dikilmiş dik bir sopanın, gölge vermediği yazılıydı.

Eratosthene durumu yerinde inceledi. Yılın en uzun günü olan 21 haziranda, öğleye doğru tapınak sütunlarının da gölgeleri kısalmaya başlıyor ve güneş tam doruktayken, gölgeler tümden kayboluyordu. Güneş tam dorukta pırıl pırıl parlarken, yerdeki dimdik sutunlardan çevrelerine hiçbir gölgenin vurmaması garipti.

* * *

Eratosthene aklını iyice taktırdı bu olaya.

Aynı denemeyi 21 haziranda İskenderiye'de yaptı. İskenderiye'de yere dik dikilmiş bir sopa, öğleyin güneş tam doruk noktasındayken gölge veriyordu. Aynı gün aynı saatte İskenderiye'de gölge veren dik bir sopanın, güneyindeki Syene kasabasında neden gölgesi yere düşmüyordu?

Eline o zamanın Mısır haritasını aldı. Haritayı açtı ve İskenderiye'ye bir toplu iğne, Syene'ye de bir toplu iğne dikti. Üstlerine dimdik inen bir ışık altında, her iki iğnenin de gölge vermemesi normaldi. Nasıl ki çarpık gelen bir ışık altında, her ikisinin birbirine eşit gölgeler vermesi de normaldi. Çünkü harita düz bir planda duruyor ve ışıklar iğnelere eşit açılarla çarpıyordu. Peki ama aynı gün, aynı anda Syene kasabasındaki dik bir sopa gölge vermediği halde, nasıl oluyordu da İskenderiye'deki dik bir sopa gölge veriyordu?

Eratosthene bu soruya geçerli bir tek yanıt bulabildi. Dünyanın yüzünün kavis olması gerekiyordu. Kavis büyüdükçe gölgeler arasındaki fark da büyüyordu.

Güneş bizden o kadar uzaktı ki, ışıkları yeryüzüne paralel bir düzende iniyordu. Yeryüzünde karşılaştıkları bir eşya, örneğin bir sopa ile yaptıkları açı, o eşyadan düşen gölgenin uzunluğunu saptıyordu.

Eratosthene, İskenderiye'deki dik bir sopanın ucunun, 21 haziran günü, güneş doruktayken kendi gölgesinin ucuyla kaç derecelik bir açı çizdiğini ölçtü. Sopanın ucu yere düşen gölgesinin ucuyla birleşince yedi derecelik bir açı ortaya çıkıyordu. Güneş ışıkları yere dik iniyor ama İskenderiye'deki dik sopa güneş ışınlarına oranla yedi derecelik bir yamuklukta duruyordu. Syene kasabasındaki sopa ise yere dik inen güneş ışınlarıyla aynı doğrultuda duruyordu. Hiçbir yamuk çizmediği için de gölgesi yere düşmüyordu. Syene'deki sopayı bir varsayım olarak yeryüzünün merkezine doğru uzatınca, İskenderiye'deki sopayı da bir varsayım olarak aynı merkeze uzatınca, iki sopa uzantısının merkezde oluşturduğu açı da yedi dereceydi. Çünkü yeryüzüne paralel bir düzende inen güneş ışınlarının bir tanesi, dünyanın merkezine doğru bir varsayım olarak uzatılınca, İskenderiye'deki sopa, bu paralelleri bir yamuk olarak kesiyordu. Paralelleri aynı zamanda kesen bir yamuğun oluşturduğu çapraz açılar ise birbirine eşitti.

İskenderiye'deki sopa, üstüne dimdik inen bir güneş ışığıyla yedi derecelik bir açı yapıyorsa, o ışığa paralel olarak Syene'den dünyanın merkezine uzatılan bir doğruyu keserken de yedi derecelik bir açı yapacaktı.

Yedi derecelik bir açı üç yüz altmış derecenin ellide biri kadardı. Üç yüz altmış derece ise dünyanın çizdiği daireydi.

* * *

Eratosthene bir adam tutarak İskenderiye ile Syene arasını adım adım ölçtürttü.

Sekiz yüz kilometrelik bir uzaklık çıktı ortaya.

Artık gerisi kolaydı. Merkezdeki yedi derecelik bir açı, dünya yuvarlağı üstüne sekiz yüz kilometrelik bir kavis olarak yansıyordu. Yedi derece üç yüz altmış derecenin ellide birine yakın olduğuna göre, sekiz yüz kilometreyi elliyle çarpınca, dünyanın oluşturduğu dairenin uzunluğu çıkacaktı ortaya...

Eratosthene sekiz yüz kilometreyi elliyle çarptı ve dünya çevresinin uzunluğu olan kırk bin kilometreyi buldu.

Bir adam bundan iki bin iki yüz yıl önce, iki sopayı, gözlerini, adımlarını ve zekâsını kullanarak, dünyanın çevre uzunluğunu saptamayı başarmıştı.

* * *

Eratosthene bir gezegenin çevresini ilk ölçmüş adam olarak geçmiştir dünya tarihine...

İnsan beyninin yaratıcılığı demek budur işte... Paralelleri aynı zamanda kesen bir doğrunun oluşturduğu çapraz açıların, biribirine eşit olduğunu bilmekle, aynı tarihte aynı saatte değişik yerlerde gölgesi düşen bir sopayla gölgesi düşmeyen bir sopayı görmek ve gölgesi düşen sopanın gölge ucuyla yaptığı açıyı ölçüvermek, iki sopa arasındaki uzaklığı da bilince, dünya çevresinin uzunluğunu bulmaya yeter...

Eratosthene iki bin iki yüz yıl önce yapmıştı bunu... Onun için de eski uygarlıklarla ilişki kurmasını başaranlar, mucizeler yarattılar. Böyle bir ilişkiye önem vermeyenler de, insan zekâsındaki sürekli yaratıcılığın dışına düşerek, körlenip yozlaştılar. Matematik fakültelerinden birinin giriş kapısına Eratosthene'in bir anıtını dikmek bile gelmedi akıllarına... "Ne olmuş yani" diye üstün kişiliği ya kese şişirmekte, ya birbirlerinin gözünü oymakta arayarak, geçip gittiler.

16.3.1982

ESKİ MISIR'DA BOKBÖCEĞİ TANRISI KHEPER

Eskiye özlem duymak yaşlılık göstergesidir. Çünkü gerçekte özlenen geçmişteki yıllar değil, o yıllardaki enerji gücüdür. Bir de buna o zamanki umutları, amaçları, hayalleri ve bireysel hayatın önündeki sonsuz gibi görünen geleceğe ait takvim ufuklarını eklerseniz, elbet eski dönemleri özlersiniz.

Ben ise yitirdiklerim dışında, geçmiş zamana karşı hiç özlem duymadım desem yeri... Yaşlı kokmamak için değil, özlem duyulacak bir hayattan geçmemiş olduğum için...

Gençken de yazı yazıyordum, şimdi de. Başka bir amacım da zaten olmadı. O kadarı yetti bana...

Dünya nimetlerine buğulu bir cam gerisinden bir hayli kayıtsız baktığımı sezmiş olan yabancı bir dostum, bunu başka tür bir mutluluğa bağlamış;

— Sen ne işine gidip gelme saatlerinin kölesisin, ne de emeklilik gibi her şeyini sıfırlayacak bir öcü var karşında, bu kadar bir lüks de sana yetiyor, demişti.

Kâğıtla kalem serüveninin bir meslek olmaktan çok, bir yaşam biçimi olduğunu söylemiştim kendisine; eksikleri ve artılarıyla tabii...

Kartal'daki askeri cezaevinde İlhan Selçuk ve Aziz Nesin'le yatarken, cezaevinden sorumlu bir yarbay da aynı şeyi Aziz için söylemişti:

— Önüne bir tomar kâğıt, bir kalem, bir paket de sigara koy; yazsın dursun. Dışardaymış, içerdeymiş umurunda bile değil Aziz Bey'in...

Bu tür hayat değerlendirmeleri, bizimki gibi 65 milyonda ancak 45 bin kişinin doğru dürüst bir kitaplığı bulunan ülkeler için çok yabancı konular...

Oysa çocuklarını iyi yetiştirmek isteyen her eve TÜBİTAK'ın çıkardığı "Bilim ve Teknik" dergisi girse örneğin... Başından sonuna okunmasa dahi, farkına varılmadan konuşma repertuarlarında kimbilir nasıl bir genişleme olurdu...

Derginin önümde duran son sayısında "Yaşamın ve Ölümsüzlüğün Simgesi Bokböcekleri" hakkında bir inceleme var. O inceleme yazısında eski Mısır uygarlığının bokböceğine verdiği önem bakın nasıl anlatılıyor:

"Eski Mısır'da bokböcekleri yaşamın, ölümsüzlüğün ve varoluşun simgesiydi. Mısırlılara göre, güneşin evreleri yaşamın evrelerini gösteriyordu. Bokböceğinin toprak altındaki dışkı topunun içinde yumurta halinden, larva, pupa ve yeni bir bokböceğine dönüşümü de güneşin her gün yeniden doğuşuna benziyordu. Günbatımını ölüm, gündoğumunu ise doğumla ilişkilendiren Mısırlılar, batan güneşin toprak altından doğuya doğru giderken bokböceği gibi başkalaşım geçirdiğini düşünüyorlardı. Ertesi gün güneş, topraktan bokböceği tanrısı Kheper olarak doğuyordu. Bu da Mısırlılar için yeni bir yaşamın vaadiydi. Eski Mısır'da ölülerin mumyalanmasının da büyük olasılıkla bokböceği yumurtasının pupa evresinin bir taklidi olduğu düşünülüyor."

Bir yanda geçmişin özlemleri, bir yanda özlem duyulmayan geçmişler...

Bir yanda dünya nimetlerinden pay kapma yarışları, bir yanda yaşam biçimi olarak benimsenmiş uğraşlar...

Ve bir yanda eski Mısır'daki bokböceği tanrısı Kheper...

Bu arada geçtiğimiz pazar günü, Bağlarbaşı'ndan Kısıklı'ya, oradan da Çamlıca tepesine doğru çıkmaya uğraştım... Yıllardır gittiğim yoktu oralara... Oralar ki çocukluğumla gençliğimin vazgeçilmez bir aile dekoruydu... Büyük teyzelerimle eniştelerimin Kısıklı'dan Çamlıca'ya çıkan yokuşun başındaki yanyana ahşap köşkleri... Selami Hazretleri'nin ayak ucundaki deddemin kabri... Hepsi vaktiyle kendi durgun ahengi içindeydi...

Şimdiyse oraları, çirkinden de beter hırpani bir keşmekeşin her türlü sevimlilik birikiminden yoksun, tozlu ve azgın bir külüstürlüğüne gömülmüş...

Bu kez özledim Çamlıca'nın kendine özgü geçmişteki güzelliğini...

Eski Mısır'da olsam, değişimin simgesi bokböceği tanrısına sitem ederdim doğrusu:

— Değişmesine değişmiş ama, insan gibi değil de tıpkı bokböceği gibi değişmiş...

5.9.1997

BUDA "KORKMAYIN" DEMİŞ...

Şişman Buda'nın öne doğru uzattığı sağ elinde işaret parmağıyla yüzük parmağı hafif yukarı doğru kalkmış, orta parmak ise gerilerek azıcık aşağı doğru inmiştir.

Buda, orta parmağı azıcık aşağıda, öne doğru uzattığı sağ eliyle, insanlara,
— Korkmayın, demektedir.
Neden korkmayın?..
Neden korkuyorsanız, ondan korkmayın. Daha doğrusu insanlığın kanına, iliğine, kemiğine sinmiş en büyük korku neyse, ondan korkmayın. Yani ölümden korkmayın...

Buda, "Ölümden korkmayın" derken, bir yiğitlik dersi vererek, basit ve ilkel bir kabile düzeyinin cengâverlik nağrasından peygamberliğe medet ummaya kalkacak kadar küçük bir adam değildi.

Ölüm korkusu, insanlığın insanlık bilincine erdiğinden bu yana, kuşaklardan kuşaklara lehimlenen ortak bir korkusudur.

"Ölümü göze almak", "ölümü hiçe saymak", "ölüme meydan okumak," ölüm korkusuyla didişip oynaşmanın başka biçimleridir ki, ölüm korkusunu insanlığın özünden silip atmaya yetmez.

Buda,
— Korkmayın, derken, "Ölüm size vız gelsin" demek istemiyordu. "Ölüm yoktur ki, korkasınız" demek istiyordu.

* * *

Buda felsefesiyle, enerjinin maddeye, madddenin enerjiye koşuşup durması arasındaki denklemin, koşullanmalarımızı zorlayan ve aşan ilişkisine birkaç çivi daha vurmaya kalkacak değiliz.

Bunlar akıl yoluyla bilinen ama duygulara perçinlenemeyen bakışlardır.

İnsan elli milyarlık bir zaman kesiti içinde, evrensel cümbüşteki gizli anlamsızlığın garip çıngırağını yakalasa bile, ölüm yine kendi küçük cümlemizin en büyük noktasıdır. Doğum nasıl doğumsa, ölüm de ölümdür. Buda'nın felsefesi de yetmez bunu aşmaya, İsa'nın üçlemi de, tasavvufun gökle yeri bütünleştirmeye çalışan ruhsal kanatlanması da...

* * *

Buda,
— Korkmayın, diyor.
Bu uyarıyı daha dar açılarda da ele alabiliriz.

Çoğumuzun çocukluğuyla gençliği, çağdaş yaşam biçimlerine "Bize göre değil" korkusunun başımızı başka yöne çevirtmesiyle geçmiştir.

"Olanaklarımıza göre değil" diye çevirmemişizdir başımızı başka bir yöne, "Bize göre değil" diye çevirmişizdir.

Çağdaş yaşam biçimleri, "Olanaklarımıza göre" olmadığı zaman dahi, yine de "Bize göre"dir.

"Olanaklarımıza göre değil" demek başka şeydir, "Bize göre değil" demek başka şeydir.

Bir kez "Bize göre değil" diye tutturduk mu, olanaklarımızı genişlettiğimiz zaman bile, çağdaş yaşam biçimlerine yaklaşmayı, kendimize lâyık görmemeye devam edebiliriz.

Örneğin olanakları bir milyonun üstünde olan vatandaş sayısı, sanılanın çok üstündedir bugün Türkiye'de... Ama hâlâ daha yemek üstüne bir kadeh kayısı likörü içmek yahut en ucuz fotoğraf makinesiyle bacaya konmuş bir leylek resmi çekmek, "Onlara göre değil"dir... Neden değildir?.. Vaktiyle "Bize göre değil" koşullanmasının tutsaklığına düştükleri için değildir.

* * *

Türkiye'nin istatistiklerinin pire boyunda olması, toplumsal düş gücünün de minisküllüğünden kökenlenmektedir bir yerde...
Elli bin kilometrelik oto yolu düşlemek, bin kişilik orkestralar düşlemek, salla okyanusu geçmeyi düşlemek, Haliç'in dibindeki hazineleri çıkarmayı düşlemek, erikle şeftali karışımından yeni bir tür meyve üretmeyi düşlemek, özetle "Bilinenleri aşan şeyler düşlemek", "Bize göre değil"dir.

* * *

Buda,
— Korkmayın, demiştir...
Bunu, "Ölüm korkularını dahi kıyıya itecek aşamalı şeyler düşünmekten korkmayın" diye de yorumlayabiliriz.
Bir köpeği iğdiş ettirip ettirmeme olanaklarını tartışmanın çok ötesinde, özel uçak alanlarına sahip çiçek seralarının nasıl yapılabileceğini de konuşmaktan korkmamalıyız. Merkezden ısıtılacak kentlerin planlarını yapmaktan da...
Kafalarımız saplanmıştır "Bize göre değil"e... Bize göre olan sadece resmi arabada, ev hanımının sinemaya gidip gitmediğinin dedikodusunu mu yapmaktır?

Konular bu kadar küçülürse, beş yüz bin deniz motoruyla yat alabilecek, telsiz istasyonlu limancıklar kurmayı düşünmek şöyle dursun, bunu düşlemeye bile çapımız yetmez olur...

* * *

Korkmayalım...

Liliput'luk ölçülerini darmaduman etmekten ve çağdaş bir yücelmenin dev dikilişiyle mucize ufuklarına kollarımızı uzatmaktan korkmayalım.

"Bize göre değil"i, bir kefen gibi yırtıp atmaktan korkmayalım...

Büyük ülkeler, büyük düşünebilen toplumlardan, büyük düşünebilen toplumlar da küçük şeylerle uğraşmakla vakit geçirmeyen ve kendisine çağdaş yaşam biçimlerinin en iyisini lâyık görebilen insanlardan çıkar...

24.6.1988